シリーズ「遺跡を学ぶ」
133

縄文漆工芸のアトリエ

押出遺跡

水戸部秀樹

新泉社

縄文漆工芸のアトリエ
—押出遺跡—

水戸部秀樹

【目次】

編集委員
勅使河原彰（代表）
小野　昭
小野正敏
石川日出志
小澤　毅
佐々木憲一

装　幀　新谷雅宣
本文図版　松澤利絵

第1章　低湿地の縄文遺跡

1　大谷地と白竜湖

やわらかな秋の陽ざしのなか、稲刈りも残すところあとわずかのようだ。無数の稲株が残された田んぼは、三キロ先の山まで広がっている。やがて冬が訪れると一面深い雪におおわれ、分け入ることも難しい。それもここでは当たり前の風景だ（図1）。

ここは大谷地《おおやち》とよばれる非常に軟弱な低湿地である。灌漑排水設備が整えられたことによって、通常の水田と変わらない景色が広がっているが、かつては腰まで泥に浸かって田植えをし、移動は舟を用いなければならないほどの湿地であった。あまりに軟弱なために地盤が沈下してしまい、毎年冬になると土を運び入れて水田を維持しなければならないほどだったという。

もともと大谷地一帯は、後期中新世（約一一〇〇～五〇〇〇万年前）に起きた地殻変動によって陥没した場所であり、その規模は東西・南北ともに一〇キロ、深さ一キロと推測されている

田植え。地盤が軟弱なため、腰まで泥に浸かるところもあり、たいへん苦労して米をつくったようだ。

谷地舟による堆肥運び。移動や運搬には谷地舟とよばれる舟を使用した。水路が大谷地内に張りめぐらされ、農道としての役割をはたしていた。

図１●大谷地の現在とかつての農作業風景

かつての湿地も地盤改良によって広大な水田地帯へと変わったが、相変わらず地盤は軟弱である。大型トラックが脇の国道を通過すると遠くまで揺れる。内部に立つ電柱も傾いているものが多い。

図2 ● 大谷地と押出遺跡

大谷地は山地と自然堤防にかこまれている。大谷地の内部でみつかっている遺跡はいまのところ押出遺跡のみである。

（図2）。陥没地は、北側と東側の山々と、西側の吉野川と南側の屋代川が形成した自然堤防にかこまれていたために、内部からの排水が滞る状態であった。また大谷地内に流れ込む粘土、砂礫が少なかったことから、湿地性の植物が生い茂り、その遺体が埋没して泥炭地《でいたんち》が形成されたと考えられている。植物遺体を微生物が分解する前に、ふたたび植物が生えてくるために年々堆積していくのである（図3）。

現在、大谷地に残る湖沼は北端部にある白竜湖《はくりゅうこ》だけで、いくつか存在していたほかの湖沼は、すでに水田へと姿を変えてしまっている。白竜湖は大谷地の古い景観を唯一残している湖であり、縄文時代の自然環境を復元するうえでも参考になる。白竜湖周辺の植生は寒地性、高地性のものが多く、一般に海抜一〇〇〇メートル以上の高層湿原に似ているというが、実際は海抜二一〇メートル付近であるため、きわめて特異な植生だという。そのため「白竜湖泥炭形成植物群落」として白竜湖とその周辺が県指定

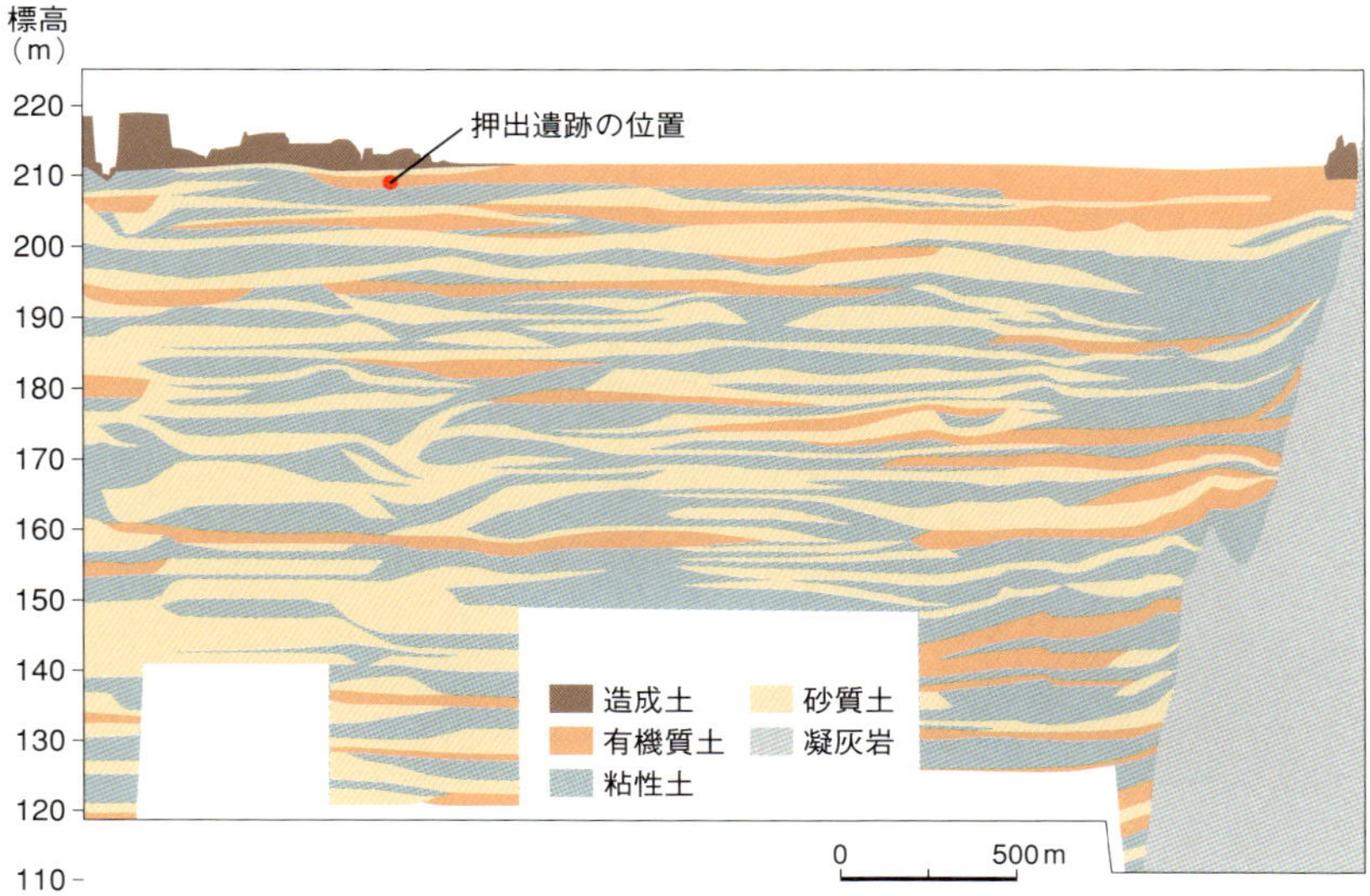

図3 ● 大谷地の想定土層断面図（右端が大谷地北端）
大谷地の中央部を縦断する断面図で、大谷地全域にわたって土層がほぼ水平に堆積している様子が理解できる。東日本高速道路株式会社が高速道路建設前におこなったボーリング調査による図。

文化財（天然記念物）に指定され、その保全が図られている。

筆者も何度か白竜湖に訪れ、泥炭地を歩いたことがある（**図4**）。湖岸は植物遺体でできており、その上を歩くとまるで水を含んだスポンジを踏むような感触だった。足を下ろすたびに水が絞りだされる音がする。

ヨシなどの湿地性の植物が湖をかこみ、湖面は風にあおられることはあっても、静かに水をたたえている。水は濁りも少なく、透明度も高そうだ。大谷地全体をみても地表の高低差はわずかであり、排水路の流れも緩やかだ。排水路を抜けた水は、西側の吉野川に注がれ、さらに最上川へと至る。湖岸や湖底に堆積した植物遺体によって、湖が徐々に縮小しており、いずれ消失しかねないといわれている。湿地性の植物が繁茂した湿原にいくつかの湖沼が点在し、それらが流路でつながっていた、というのが縄文時代のこの地の景観だっただろう。

図4 ● 白竜湖南岸（南西から）
周囲には湿地性の植物が生い茂り、なんらかの施設や護岸のためのものとみられる無数の杭が打ち込まれている。岸は植物遺体でできており、非常に軟弱で水を含んだスポンジのようである。

２　押出遺跡とは

縄文遺跡の地

この大谷地の南西の末端部に押出遺跡《おんだし》がある（**図2参照**）。北東に大谷地がひろがり、西と南には吉野川と屋代川がつくった自然堤防がある。縄文時代前期後半（約五八〇〇年前）にいとなまれた大規模な集落跡といわれ、地下約二・五メートルの深さに存在する。

周辺の地下水位は地表面とほぼ同等であり、豊富な地下水によって酸素が供給されにくいため、植物などの有機物の分解が進みにくいという特徴がある。そのため台地上の遺跡では出土することが少ない有機質遺物が数多く残されていた。彩漆《さいしつ》土器をはじめとした漆塗製品や木製品、当時の加工食品である縄文クッキーなどの貴重な遺物が数多く出土した遺跡として全国的にも著名である。また、盛土《もりど》を築いて湿地を積極的に利用した集落であることも、ほかに例をみない独自のものといわれた。盛土とは土砂を積みあげて築いた野球場のマウンドのような施設で、形は円や楕円などで、規模は三〜一五メートル、高さは数十センチ程度である。

押出遺跡は、山形県南部を占める米沢盆地の北東部に位置する高畠《たかはた》町にある。高畠町の西半部は平地で、東半部は奥羽山脈に連なる山地が宮城県に接している。稲作のほかに果樹の栽培も盛んで、さくらんぼ、洋梨、ぶどうなどが特産品である。また、松茸の産地でもあり、山地を走る広域農道は「ぶどう・松茸ライン」と名づけられたほどだ。

高畠町の山地西縁には、縄文時代草創期の遺物が出土したことで知られている国指定史跡の日向《ひなた》洞窟や火箱岩《ひばこいわ》洞窟、大立《おおだち》洞窟、一の沢洞窟などの洞窟遺跡が多数分布している（**図2参照**）。出土した草創期に属する微隆起線文《びりゅうきせんもん》土器は、当時としては日本列島最古級のものであった。また、これらの洞窟は草創期ばかりではなく、ほかの時期にも利用されている。火箱岩洞窟や一の沢洞窟などでは、押出遺跡と同じ時期の土器が出土しており、これらの洞窟も押出集落の人びとによって利用されていた可能性がある。

　大谷地北側の山地は西どなりの南陽《なんよう》市に含まれる。その山地の南斜面を利用したぶどうの栽培、およびワイン製造などが盛んである。山地南麓の月ノ木B遺跡からは縄文時代早期中葉から前期前葉の遺物が出土している。押出遺跡からも、主体となる前期後半の層より一・三メートル下から早期中葉の遺物が出土した。洪水によって運ばれてきた粗砂層から

図5 ● 押出遺跡の調査区と大谷地（南西から）
左端が国道13号線バイパスで、その右の水路が沼尻堀排水路。
右手は大谷地を縦断する高速道路の盛土工事。

みつかっており、西を流れる吉野川沿いの遺跡のものであった可能性が高い。ほかにも縄文遺跡は周辺にいくつか存在しているが、地下深くからみつかったのは、いまのところ押出遺跡だけである。

短期間に営まれた集落

押出遺跡から出土した土器のほとんどは、主に東北地方南半部に分布する大木《だいぎ》４式とよばれる土器型式と、これと同時期に使用されていた各地方の土器型式に限られる。遺物は地下深くに横たわる厚さ数センチから数十センチの土層のなかに集中しており、これより上の層に人が活動した痕跡はない。そのため、遺物を含まない分厚い泥炭層にパックされた状態になっており（**図６**）、出土遺物は廃棄された当時の状態のまま残っていた（**図７**）。

土器の研究では、それぞれの時期、地域のなかで共通する特徴を備えた土器を一つの型式として設定することを基本としている。そのうえで土器型式の

図６●押出遺跡の上に堆積している泥炭層
地上より約2.5ｍの深さにある6000年前～5800年前の層（黄色線のあいだ）に押出遺跡が含まれる。各層に含まれる試料を放射性炭素年代測定法で測ったところ、泥炭層の堆積速度にはばらつきがあるといえる。

変遷を明らかにすることにより、みつかった遺構、遺物の移り変わりを把握することが多い。

発掘調査では複数の時期にわたる土器型式が出土することがよくある。調査でみつかった遺構、遺物などがすべて同時に存在したのではなく、複数の時期に分散していたことを示すものだ。同時期に存在した遺構、遺物が特定できなければ、当時の暮らしを具体的に復元することは困難である。しかし、押出遺跡ではその心配はない。例外を除いたすべての遺構、遺物を一つの土器型式が示す期間内の所産として扱うことができる。研究者にとっては条件に恵まれた埋没状況といえる。

3　大発見の数々

佐藤鎮雄さんの発見

地下深くに眠っていた押出遺跡は、誰かが遺跡の深さまで掘り下げなければ、けっしてみつかること

図7 ● 盛土縁辺での遺物出土状況（第6次調査）
遺物は盛土の上面、周囲、内部から出土したが、とくに盛土上面の縁辺部に多かった。また、流路内からも大量のクルミとともに土器や石器が出土した。

はなかった。その契機となったのは一九五八年から一九七二年にかけておこなわれた排水路の改修工事であった。

大谷地から水を抜いて使いやすい水田にするために排水路の幅を一六メートルに広げ、しかも遺跡に到達する深さまで掘り下げた。両岸はコンクリート杭と松の丸太杭によって固定されたコンクリートブロックで護岸されていった。

やがて、いくつかある排水路のうち、押出遺跡のなかを南北に縦断する沼尻堀《ぬまじりぼり》排水路の底から掘り上げた土砂のなかから、付近に住む子どもたちが土器や石器を拾い集めるようになった。この様子が一九七一年五月ごろに、南陽市生まれの中学校教諭、佐藤鎮雄《しずお》さんの目に止まった。山形大学で考古学を学んだ佐藤さんが初任地の鶴岡市から高畠町の中学校に転勤してまもないころのことである。

改修工事は終盤で、幼少時から大谷地を遊び場としてきた佐藤さんにとっては、信じられないほどの変貌ぶりであったという。舟の姿はなく、整備された農道をトラックやリヤカーが走り、「ふいご」や踏んでまわす水車を用いて人力でおこなっていた灌漑も揚水ポンプが担っていた。佐藤さんが遺物を拾う子どもたちをみつけたのは、大きく変貌した大谷地をバイクで通勤しながら眺めていたときのことであった。

遺跡であることを確認した佐藤さんは、当時高畠町で町史編纂にたずさわっていた佐々木洋治さんに連絡し、やがて遺跡の存在が広く知られるようになったのである。佐藤さんはその後、県教育委員会に移り、各地の発掘調査にたずさわった。ふたたび学校に勤務するようになってからも南陽市文化財保護審議会委員を務めて文化財の保護に尽力している。退職後は山形県立うきたむ風土記の丘考古資料館の館長に就任し、とりわけ押出遺跡についての展示や図録の作成に熱意を傾けた。

第一〜第三次調査

一九八五年に、いよいよ押出遺跡に発掘調査のメスが入ることになる。その原因は国道一三号線南陽バイパス建設工事であり、一九八七年まで三回にわたる調査が実施された(**図5参照**)。調査面積は合計で四〇〇〇平方メートルである。

当時としてはまだめずらしい低湿地遺跡の調査であったが、すでに福井県若狭町の低湿地遺跡である鳥浜《とりはま》貝塚では一九六二年から発掘調査がおこなわれており、丸木舟や漆塗櫛など多様な有機質遺物が出土したことで、「縄文のタイムカプセル」とよばれていた。押出遺跡からも同様に数多くの有機質遺物が出土した。そのなかには遺構、遺物とも鳥浜貝塚にはなかったものも含まれており、大きな注目を集めることとなった。

この調査で出土した遺物のうち主要なものが、一九九六年に国の重要文化財に指定された。彩漆土器六点、彩漆土器残欠四点、土器類五四点、異形土製品四点、石器・石製品類八九七点、木製品類三七点、樹皮製品残欠一点、炭化食品五二点の計一〇五五点である。さらに編物残欠一括、漆付着土器残欠一括、彩漆土器残欠一括が加わる。これらの遺物は高畠町にある山形県立うきたむ風土記の丘考古資料館に収蔵されており、常設展示室でみることができる。

図８ ● 彩漆土器
全面に赤色漆が塗られ、①〜③には黒色系漆で文様が描かれている。大きさはさまざまだが、器形や口縁部の貫通孔は共通する。①〜⑥は第１〜３次調査出土で重要文化財、⑦は第５次調査で出土した（幅は①22.6cm、②19.6cm、③19.3cm、④19.9cm、⑤23.1cm、⑥14.1cm、⑦9.8cm）。

出土品のなかでとくに目を引くのが彩漆土器（図8）である。赤色漆を外面に塗った土器で、黒色系漆で渦巻文などを描いたものもある。完全な形に復元できたものが六個体、ほかに数十点の破片も出土した。破片であれば鳥浜貝塚や山梨県北杜《ほくと》市の天神《てんじん》遺跡などでわずかに出土していたが、このときはじめて全体像が明らかになった。現時点では、列島最古となる漆塗土器の完形品である。

もう一つ注目したいのが、「縄文クッキー」の名で広く知られているクッキー状炭化物である（図9）。完全に炭化したために腐らずに残っていた。縄文時代の食料と調理法の一端を示す貴重な発見である。

図9●縄文クッキーと材料
縄文時代の体験学習の一つとして、縄文クッキーの調理、試食が各地でおこなわれている。その材料や調理法については誤解を与えないようていねいな説明が必要だ。右上はなかに含まれていた粒状物で、なんらかの種子であろう（左上：縦20mm）。

集落の構造も、ほかに類をみないものであった。縄文集落に通例の竪穴住居や墓坑、貯蔵穴などがなく、平地住居が三九棟と集石遺構が一基、そして無数の柱がみつかったと報告されている。柱の先端は削られて尖っており、穴を掘って据えつけたものではなく、地面に直接打ち込んだものである。平地住居には内部に盛土があるものとないものがあり、さらに盛土の下に丸太材を敷き詰めた「転《ころ》ばし根太《ねだ》」という施設が付属することもあった（図10）。居住に適さないはずの低湿地にいとなまれた大規模な集落であるということも大きな発見であった。

第四次・第五次調査

二〇一一、一二年に、農林水産省による沼尻堀排水路の護岸改修工事にともなって、第四次、第五次調査が実施された（図5参照）。第四次では排水路の西半部を、第五次では東半部を対象とし、面積は合計で一八〇〇平方メートルである。この排水路は先に述べたように、押出遺跡が発見された場所である。かつての改修工事で整備されていた護岸設備が、地盤が軟弱なために倒壊しかかっており、再改修されることになったのである。

このときの調査から第六次調査までを筆者が担

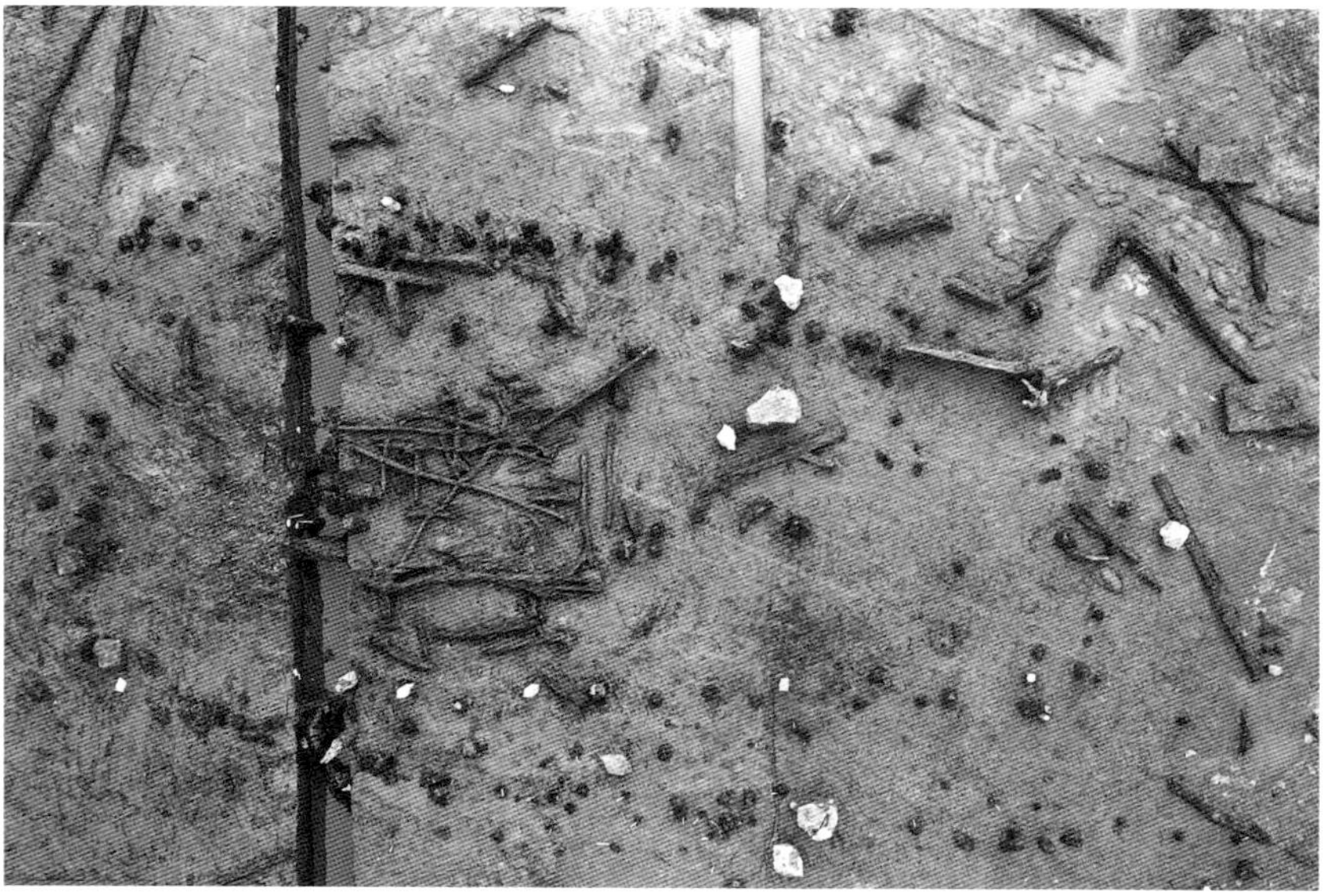

図10●盛土を除去した10号住居跡（第1次調査）
打ち込み柱の根本部分と転ばし根太があらわれた（長軸9.0m）。
この上に約50cm厚の盛土が築かれていた。

当している。排水路内に鋼矢板を打ち込んで調査区をかこい、なかの水を抜くところからはじめた。地下三メートルほどの排水路の底に立つと、鋼矢板の向こう側には筆者の背丈より高い位置に水面があった（**図11**）。重要な遺跡なので慎重に調査に臨んだこと、同時にこれまでにない発見を期待していたことを覚えている。

排水路の底部分は、遺跡発見の契機となった工事によって遺跡を含む層ごと掘削されていたため、ほとんど何も残っていなかったが、排水路の両岸には遺跡が残っていた。第四次調査では盛土が五基みつかった。盛土の破壊を最小限にするために、断面の記録に限った調査としたので、いまでも岸の下には盛土が残っているはずだ。五基のうち二基には、転ばし根太が敷き詰めてあった。これらの盛土も先の調査にならい平地住居の痕跡だとすれば、その数は全部で四四棟になる。

みつかった大型の盛土（**図12**）は、幅は計測で

図11 ● 鋼矢板でかこっておこなった第4次調査（南から）
沼尻堀排水路の西岸部の調査だった。調査区内にしみだした水はポンプで排水し、土砂はロングアームを装着した油圧ショベルで排出した。調査区内はぬかるむため、板を敷いてその上を歩かなければならない。

きなかったが、長さは約一五メートルで、積み上げられた層の数も多く、高さも大きい。北側に盛土を拡張したために北端部では何度も土砂を積み足した様子が確認できる。

第五次調査では、小ぶりの浅鉢形彩漆土器（**図13**）が出土した。一部欠けているが、ほぼ完形であり、赤色漆を外面全体に塗ってある。また、大量のクッキー状炭化物がーカ所から集中してみつかった。完全に炭化しているため一つひとつはとても軽いが、それでも全部で一キロを超える量であった。

第五次調査区では盛土はまったくなかった。大量に出土した遺物は、第四次調査区側から廃棄されたものである。地形が西側から東側にむかってしだいに低くなってゆく様子がみられるため、ここより東はかつての湖沼だっただろう（**図27参照**）。

図12 ● 第4次調査でみつかった盛土の断面と転ばし根太（南東から）
地盤の上に転ばし根太をならべ、その上に盛土が構築された。厚さ数センチの粘土や砂、シルトの層がいくえにも重なっている様子がわかる。最上層の黒色泥炭層は集落が放棄された後に堆積したもの。

第六次調査

二〇一五年一一月から第六次調査を開始した。調査区の東側では東北中央自動車道建設のための盛土作業が着々と進んでいた（**図5参照**）。第六次調査は高速道路本体ではなく、付随する水路工事にともなうもので、高速道路からはやや離れた場所でおこなった。

地盤が軟弱な湿地帯の中央部を縦断する高速道路は、盛土の沈下を抑えるために非常に難易度が高い特殊な工事になったという。盛土は押出遺跡でもみつかっている。当時としてもかなり大がかりな作業であったはずだ。現代も縄文時代も、湿地を克服するために同じような苦労をしているのだなと思いつつ調査を進めていった。調査面積は一〇〇平方メートルである。

第六次調査では、はじめて壺形の彩漆土器が出土した（**図14**）。これまで出土したのは浅鉢形か鉢形に限られていた。正直、壺形とよんでよいのかどうかわからないほど独特な器形であり、類例がまったくみあたらない。浅鉢形彩漆土器の破片も数点出土している。外面には漆を

図13 ● 第5次調査で出土した浅鉢形彩漆土器（図8⑦）
近くから破片が一点出土し、ほぼ完形に復元できた。周囲の泥炭層には植物遺体が多く含まれ、土器の内部にまでそれらの根が入り込んでいた。

塗っていたようだが、強く火を受けていたため、元は何色だったのかははっきりしなかった。

また遺構では、盛土が新たに三基みつかり、その内二基には転ばし根太を敷いてあった。この二基のあいだには土砂を積み足し、最終的には一つの盛土として利用していたようだ。これで平地住居とみられる遺構は全部で四七棟となった。

ということになるが、じつは筆者は報告書作成の過程で、これらが住居であるという説に疑問をもつことになるのである。

未確定の遺跡範囲

こうして第六次までの調査面積の合計は五九〇〇平方メートルになった。すべて公共工事を原因とする調査で、工事の影響を受ける範囲以外は調査していない。工事の施工範囲となった場所を調査したのであって、遺跡の解明のために必要だと判断された場所を選んでおこなったわけではない。

遺跡の範囲は、これまで発掘した調査区よりも大きいことは調査の成果からも明らかである。そこで、東京大学の辻誠一郎氏らが遺跡の範囲を確認するた

図14 ● 第6次調査で出土した壺形彩漆土器（図30）
あざやかな赤色漆が印象的だった。すぐに退色してしまうため、出土直後の色は発掘調査現場にいた人だけが見られた。残りの破片もみつかり完全な形に復元できている。

めにボーリング調査をおこなった（図15）。直径六センチの円筒形の機具で地下の土層を抜きとり、地下二・五メートル付近に存在する遺物包含層を調べたのである。

遺物包含層には、土器や石器、木片、クルミ殻、炭化物、砂、礫などが大量に含まれ、上下の自然堆積による泥炭層とは明らかに異なり、人が活動した痕跡に満ちている。この層がどこまで検出できて、どこから検出できなくなるかが判断の目安となる。山形県教育委員会がおこなった試掘調査と発掘調査の成果も踏まえると、遺跡の推定範囲は南北約二〇〇メートル、東西約一八〇メートルとなる。しかし、東側と南側の端はまだ確認できていないので、遺跡範囲はさらに広がることはまちがいない。いずれにしても発掘調査がおこなわれたのは、遺跡の一部分にすぎないことをあらかじめ知っておく必要がある。

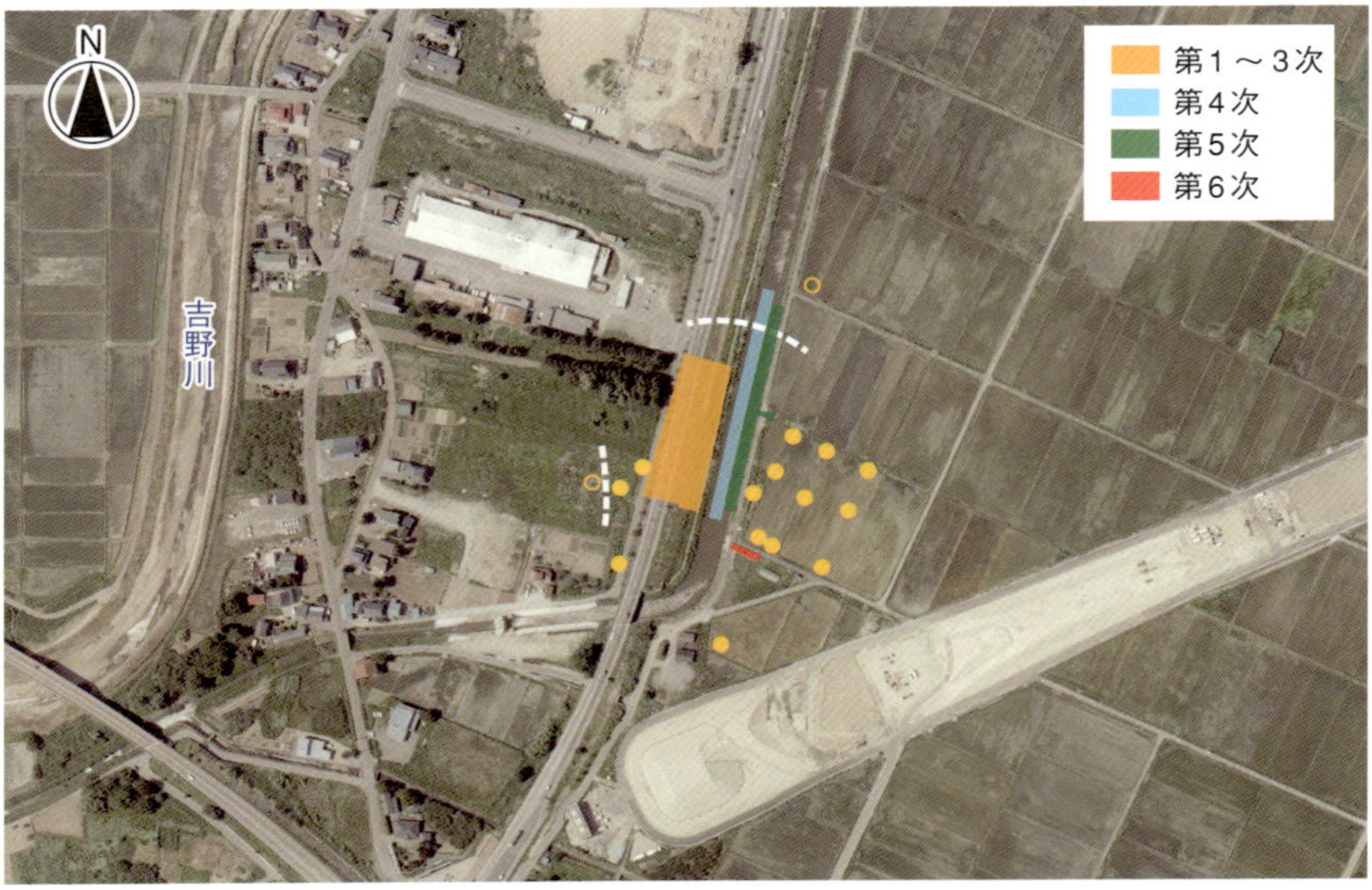

図15 ● ボーリング調査と試掘調査による遺跡範囲の検討
●が遺物や炭化物がみつかった場所、○がみつからなかった場所。白色の点線が遺跡の北・西端と推測される。東・南端はわかっていない（第4次調査区の全長157m）。

第２章　盛土の謎

1　平地住居の集落？

これまでみつかった遺構

第一～第六次調査の結果、盛土二二基、柱約四七〇〇本、集石遺構一基、炭化物集中地点二カ所、流路二本、いくつかの柱穴などがみつかった。

そして盛土と柱のまとまりは、竪穴を掘らない平地住居の痕跡と考えられてきた。その数は四七棟となり、大規模な集落であったと評価された。しかし、竪穴住居や墓坑、貯蔵穴など、ほかの縄文集落でよくみられる遺構がまったくみつかっていない。

盛土というと、ほかの縄文遺跡でもみられる。たとえば青森県青森市の三内丸山遺跡でみつかった盛土は、遺物や土砂を廃棄することで形成されたものとされ、押出遺跡のものとは性格が異なる。押出遺跡では、湿地上に平地住居を建てる基礎として、乾いた平坦な地表面をつくるために築かれたものと考えられていた。

粘土や砂、シルトなどをそれぞれ数センチの厚さで積み上げ、広い盛土では六〇センチの高さに達する。各層には炭化物やクルミ殻、土器片、石器、粒状の風化礫、粘土塊などが混じる。クルミ殻、土器片、石器などは、廃棄されたものが混入したのだろう。風化礫、粘土塊などは、意図的に混ぜられたと考えている。湿地上で活動するのに適した施設であるが、逆に考えれば、盛土をもたない住居の床面は軟弱な湿地そのものとなり、ここで生活するのは困難だといわざるをえない。

転ばし根太を底面に設置した盛土は一一基あった。とくに大型の盛土に使用していることが

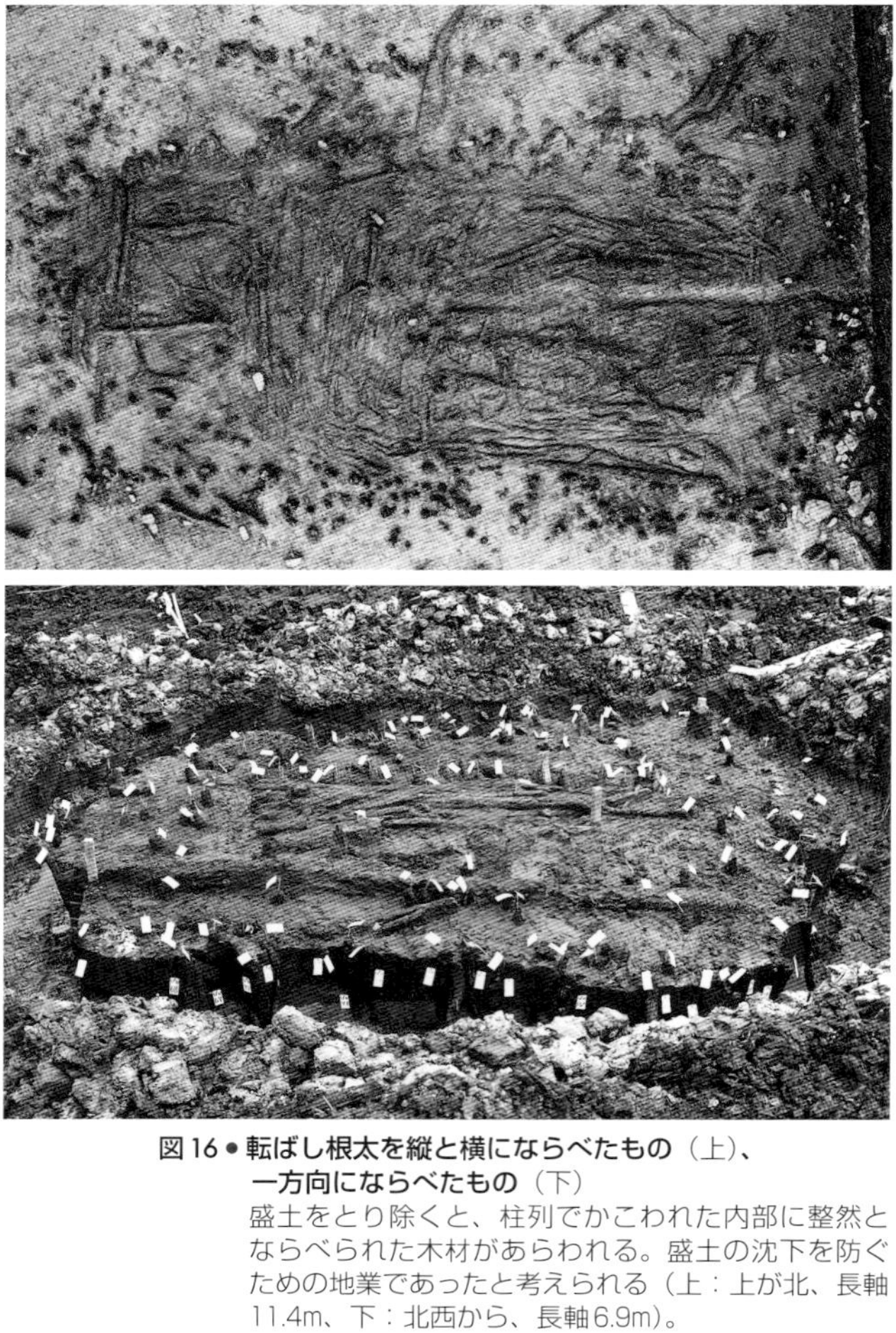

図16●転ばし根太を縦と横にならべたもの（上）、
一方向にならべたもの（下）
盛土をとり除くと、柱列でかこわれた内部に整然とならべられた木材があらわれる。盛土の沈下を防ぐための地業であったと考えられる（上：上が北、長軸11.4m、下：北西から、長軸6.9m）。

多い。転ばし根太とは元来建築用語で、床下にならべて床を支える木材のことを指す。木材を縦と横にならべたもの（図16上）、一方向にならべたもの（図16下）、井桁状に組んだもの（図17）などがある。木材に特別な加工は施してはいなかった。これらは盛土の沈下を防ぐために設置したと考えられる。全国的にみても、このような目的のために築かれた盛土や転ばし根太の発見例はなく、特殊な遺構であることはまちがいない。

平地住居の復元案

かつて、第一〜第三次調査の成果にもとづき、建築史家の宮本長二郎氏が平地住居の復元案を作成したことがある（図18上左）。これは第二〇号住居（図18上右）を元にしたもので、多数の壁柱と中軸上の三本の棟持柱《むなもちばしら》で支える。壁は不規則に打ち込んだ壁柱のあいだに小枝や草を絡ませて作り、屋根は棟持柱で支持した棟木から壁の上に葺き下ろしたと想定している。ただし、この復元案では第二〇号住居の下にあった盛土についてはふれていない。

この盛土部分を含めた復元図が山形県立うきたむ風

図17 ● 第4次調査でみつかった盛土と転ばし根太と柱
図12と同じ盛土。転ばし根太を井桁状にならべ、その上に盛土を築いている。周囲には多数の柱が打ち込まれている（北東から）。

土記の丘考古資料館刊行の『押出遺跡』に掲載されている（図18下）。こちらは別の転ばし根太をもつ住居をモデルとしてつくられたものとなっている。炉跡も図示されているが、発掘調査ではみつかっていない。ほかの遺跡で復元案のような住居がみつかった例はなく、非常に独自性の高いものとして評価されている。

　ところが、報告書掲載の平面図をみてみると、じつはこの案が成立しそうな住居は、全体の半数に満たないのである。残りの半数以上は、不規則に打ち込まれた柱のまとまりでしかなく、棟持柱がどれかもわからない。

　この復元案が示されてから約三〇年がすぎ、新たな調査成果も積み上げられてきている。再検討すべき時期に来ているのではないだろうか。

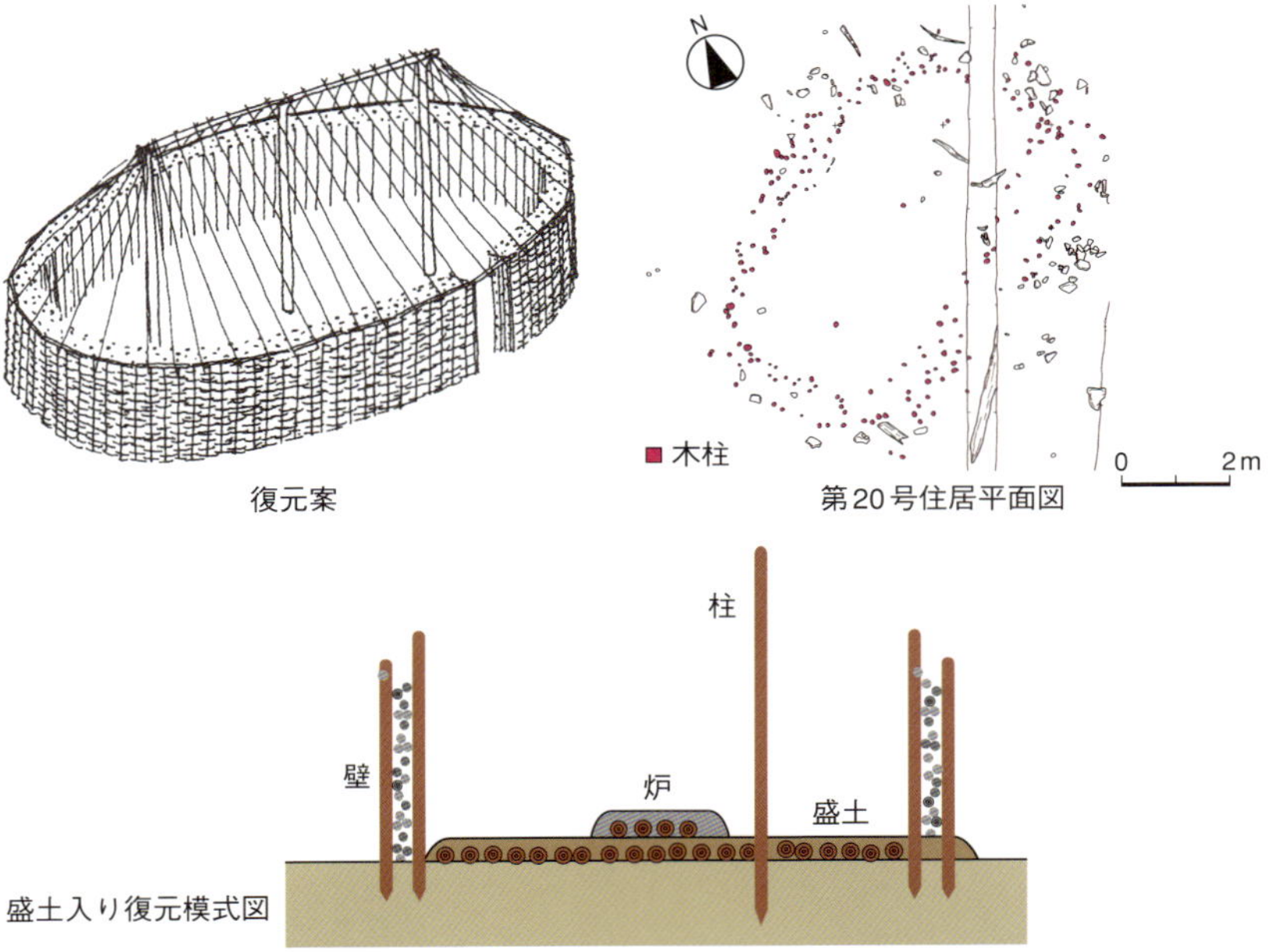

図18 ● 平地住居の復元案と元になった第20号住居の平面図、盛土入りの復元図
平面図（上右）には、中心部に3本の柱と多数の壁となる柱（赤塗り部分）があり、これらを元に復元案（上左）がつくられている。住居全体を盛土がおおっていたが、復元案には反映されていない。盛土を含めた復元案は下図で、盛土上面が生活面と考えられた。

想定された集落の様子

うきたむ風土記の丘考古資料館に展示されている想像図（図19）には、湿地、湖沼のすぐ側に平地住居が立ちならび、その周辺でさまざまな作業をおこなっている様子が描かれている。発掘調査では多数の平地住居がみつかっているが、同時に建っていた数はもっと少なく、何度も場所を変えて建て直したという。

第一～第三次調査の成果により押出集落の様子はこのように考えられてきた。それにしても、どうしてこのような湿地に集落を構えたのだろうか。いまでも明確な答えはえられていない最大の謎であるが、たとえばつぎのような説はどうだろうか。

一つ目は、湿地に飛来する鳥や湖沼に生息する魚貝類、食用になる植物などを入手しやすいからというものだ。石鏃が多数出土していること、食用にしたと考えられる種実類が出土していることなどがその根拠である。

二つ目は、湿地の環境が漆を固化させるのに適し

図19 ● 押出集落の想像図
湖沼のそばにいくつもの平地住居がならんでいる。その周囲では土器で煮炊きをしたり、木材を運んだりしている様子が描かれている。

ているからというものである。漆はペンキなどのように溶剤が揮発することによって固化するのではなく、主成分であるウルシオールが空気中の水分から酸素をとり入れて固化するという特性をもつ。この化学変化を促進させるためには、六五〜八〇パーセントの湿度と二〇〜三〇度の温度が必要だとされている。漆工芸にかかわる出土品が目立つことが根拠となる。

二つとも押出遺跡の特徴として欠くことのできないものである。しかし、食料の調達や漆工芸にかかわるもの以外の遺物も出土しているし、寝るときぐらいはジメジメしないところに移動することもできたのではないか。

2 平地住居への疑問

再検討過程

筆者が第五次調査をおこなった翌年度に、発掘調査報告書の原稿を執筆していたときのことである。最終章では第四次調査でみつかった盛土の上に、これまでの見解と同じく平地住居が建つことを図と写真を使って説明するつもりであった。

説明に必須の要件は、柱が盛土を貫通して打ち込まれていること、この一点だけである。これだけ確認できれば、盛土上に住居が建っていた可能性があることを指摘できる。住居の地上部分はすべて失われ、柱の根本部分だけが遺跡に残ったと解釈することができるからだ。盛土を築いた後にその上から柱を打ち込んだのか、柱を打ち込んだ後に盛土を築いたのかの判断は困難だが、どちらでも住居が建つことに違いはない。

　第四次調査でみつかった盛土の写真（**図17参照**）をみると、柱は写真の手前側と奥側に打ち込んである。しかし、いずれも地上部分が短く、盛土の高さに届くものはない。理由としては、本来は盛土を貫通して地上まで通っていた柱が、地上部分だけでなく盛土の内側部分まで腐ってなくなったためと考えるほかない。

　柱が盛土の内側部分まで腐ってなくなったならば、もともと柱があった部分には柱まわりの土砂と直上に堆積している黒色泥炭層が入り込み埋まってしまうだろう。黒色泥炭層は盛土とは成因が異なる土であるため、柱の痕跡が土質の違いとなってあらわれるはずである（**図20**）。確認するためには盛土の断面に柱が重なる状況が必要だが、第四次調査ではみあたらなかった。

　引きつづき第一～三次調査での状況を調べた。報告書の図面と写真を丹念にみていったところ、柱が地上まで届かない例がほとんどであった。盛土の断面をみると。柱の上側にあるはずの柱根跡はなく、盛土がおおいかぶさっていた（**図21**）。盛土の上面を写した写真（**図22**）にも柱とその痕跡はみあたらなかった。これが事実であれば、いったいどのように原稿を書けばよいのだろう

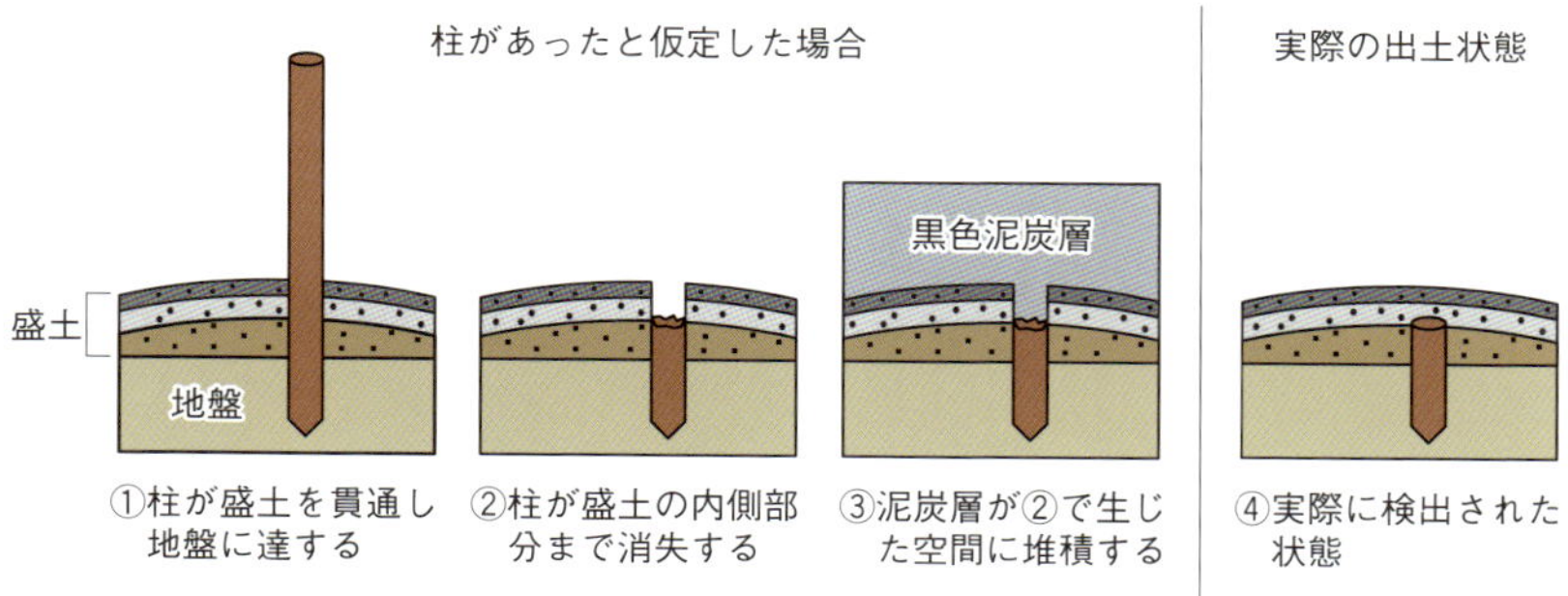

図20●柱根跡が生じるプロセスの疑問
①から③の経過をたどれば、③の状態で盛土を上からみると、無数の柱根跡がみつかる。盛土最上層と盛土の上に堆積した黒色泥炭層の土質が違うからだ。だが、実際は④のように盛土が柱をおおっている。盛土はよそから運んできた客土を積んだものなので、②の状態から自然に④の状態になることはない。

と思い悩んだ。このことが押出遺跡の本当の姿について本気で考えるきっかけにもなった。

柱の痕跡がなく、盛土が柱の上をおおっているということは、盛土の高さより低い位置にまで柱を打ち込んでいることを意味する。もはや柱とよぶことはできないだろう。そして、これらを柱として復元した平地住居が存在したと説明することも難しい。

あるいは柱の痕跡がみえにくくなっているにすぎないとすれば、それはつぎのような状況だろう。柱が盛土の内側部分まで腐ってなくなることで生じた空間に、盛土に積み上げられた各層と区別がつかないような同質の土砂が、順序よく入り込んで埋まったという状況である。しかし盛土に用いた土砂はすべて外部から運び込んだ客土であり、同質のものが自然に入り込むことは考えにくい。

また、土砂といっても一様ではなく、粘土、砂、シルトなどがあり、さらに砂が多く混じる層、風化礫が混じる層、粘土塊が混じる層、炭化物が多く混じる層、クルミ殻が混じる層、土器や石器が混じる層などもあり、じつに多様なのだ。柱があったところに入り込んだ土砂がつねにこれらの層と同質で、かつ同じ厚さでなければ、柱の痕跡がみえなくなるという状態には

図21 ● 図16下の住居をおおっていた盛土の断面
中央にある柱の上を2～3層の盛土がおおっている。周囲の柱の高さも低く、いずれも盛土を貫通して地上に抜け出ていない状況である（北西から）。

ならない。住居に使われたという数千本もの柱すべてで、このような偶然が生じることがあるだろうか。

遺跡直上の層は遺物を含まない黒色泥炭層であることから、押出集落から人が去った後は、周辺水位の上昇によって、集落は水没したと地質学者の山野井徹氏が報告している。同じ層から水性植物であるウキヤガラの果実が目立って検出されていることも水没を示唆するものだ。もしこのときにまだ住居が立っていて、やがて朽ち果てていったならば、前述のような人為的な関与なしには存在しえない土砂などが柱根跡に入り込むことは不可能だろう。

さらに柱の打ち込まれている角度にも問題がある。柱であれば垂直に立つものだが、報告書の図や写真をみると、傾いているものが数多くある（**図23**）。第六次調査では全体の三割が傾いていた。垂直に立つ柱と混在しており、地盤

図22 ● 盛土の検出状況（南東から）
手前に平地住居の復元案の元となった20号住居（図18上右）があり、奥にも２棟の住居があるはずだが、盛土上には元図にあるような柱および柱痕跡は見当たらない（黄色線が盛土のおおよその範囲）。

ごと動いたわけではなさそうだ。

　平地住居の存在に疑いをもつようになると、ほかにもいくつか疑問が浮かび上がってきた。一つは柱以外の建築部材の存在についてである。平地住居の復元案をみると、壁柱、主柱、棟木、垂木などに大量の木材を使用したことになる。あくまで復元「案」なのでこのとおりではないかもしれないが、これらの建築部材が少なからず出土しても不思議ではないはずだ。しかも住居の数は一棟や二棟ではない。

　ところが、これまで住居に使われたといえそうな建築部材は、柱以外はみつかっておらず、その柱も前述のとおり柱ではなかった可能性のほうが高い。建築部材は持ち去られた、別の場所に廃棄された、完全に腐食してなくなったとも考えられるが、土器などを廃棄した場所に少しくらい残っていてもよさそうである。有機物も残りやすい環境なので、すべての建築部材が腐食したというのも考えにくい。流路や盛土の周囲から出土している未加工の自然木が建築部材として使わ

図23 ● 盛土除去後にみつかった杭の検出状況（第6次調査）
硬い灰白色粘土層まで達した杭（左）と達していない杭（中央・右）。傾いた杭（右）も多い。筆者も実際に灰白色粘土層まで杭を打ち込んで、杭が強く固定されることを確認した（左：長さ118cm、中央：69cm、右：67cm）。

れていたと考えられなくもないが、そのことを証明することはほとんど不可能だろう。

二つ目は炉跡についてである。通常、住居であれば内部に炉があるものだが、先にもふれたとおり押出遺跡では一基もみつかっていない。しかし、炭化物は遺跡のありとあらゆる場所や土中に大量に含まれているし、盛土の表面にも広がっていたりもするので、火を頻繁に利用していたことはまちがいない状況である。おそらくは固定された施設としての炉ではなかったのだろう。

平地住居は、竪穴住居のように掘り込みがある住居ではないので、柱などの建築部材、炉跡などの内部施設の有無によってその存在を認識するほかないのだが、これまでみてきたとおり、いずれも確認できておらず、住居が存在したとはいえない状況になってしまった。

柱ではなく杭

以上、柱と考えられてきたものは、盛土におおわれており、実際は地上に達していなかった。よって壁をつくることも、屋根を支えることもできない。復元案のような平地住居は存在していなかったと考えるべきだろう。

打ち込まれた高さからすると、柱ではなく、「杭」とよぶものである。では、いったい、なんのためにこれほど多くの杭を打ち込んだのだろうか。

筆者は、大谷地の軟弱な地盤上に安定した盛土を築くために打ち込んだと考える。密集して打ち込んだ杭によって、盛土の流失を抑える土留めとしたのではないだろうか。また、盛土の下の地盤が盛土の重みで横方向に逃げることを防ぎ、結果として盛土の沈下も抑制できただろう。盛土の外周部のみならず、中心部付近にも杭を打ち込んでいる例もあり、こちらは盛土を直接支持する基礎杭の役目を担ったかもしれない。さらに転ばし根太と併用すれば、より安定した盛土となる。つまり、杭と転ばし根太は、軟弱な地盤上に安定した盛土を築くための地業であり、盛土の構築は土と木を用いた「土木工事」そのものといえる。

遺跡の地盤から約七〇センチ下には硬い灰白色粘土層があり、ここまで達した杭は簡単に傾いたり、抜けたりすることはない（図23）。第六次調査の例では、この層まで達した杭は全体の半数ほどであり、完璧に管理された施工というほどではなかったようだ。

大谷地内の水田の用水路は、現在でも杭を用いて護岸している個所があり、内側に傾いているものも散見される。一九五八年からの工事で改修された沼尻堀排水路のコンクリート製の護岸設備も同様であった（図11参照）。大がかりな土木工事であっても、大谷地のような軟弱な地盤上では、長期間にわたって設備を維持することは困難なのだ。押出遺跡の盛土も同様であったと考えられ、何度も土砂の積み足しや杭の追加などをしたのであろう。

3　住居はあったのか

第四次、五次発掘調査報告書では、前述したとおり、平地住居の復元案は成立せず、住居は存在しないと報告した。その後、第六次調査がおこなわれることになり、盛土上での柱根跡の有無について、発掘調査によって実際に確認する機会をえた。自説を検証する調査ができるのは幸運なことだと思うが、不安を感じなかったわけではない。

調査区からは、計ったかのように盛土があらわれ、その上面と周囲には、数多くの土器、石器などが廃棄された状態のまま残っていた（**図24左**）。これらをとり上げながら、みずからの手で何度も盛土の表面を薄く削って柱あるいは柱痕跡を探した。

柱あるいは杭が四本だけみつかった。しかし、このうち三本は直立せず傾いていた。この四本は、柱の可能性がないとは言い切れないが、杭であっても差し支えない。盛土でおおいきれなかったものが地上に露出していただけかもしれない。

最後に盛土をすべて除去したところ、一〇一本もの杭（**図24右**）がみつかった。杭は盛土におおわれていた。やはり柱ではなかったようだ。なお、盛土上でみつかった土器や石器の真下にも杭が打ち込んであった。遺物を廃棄した時点でも盛土が杭をおおっていたことの証拠といえる。盛土の上には遺物だけではなく炭化物も広がっており、全体が黒みを帯び

図24 ● 第６次調査でみつかった盛土の検出状況（左）**と盛土除去後**（右）
盛土の周囲に多数の土器や石器が廃棄されていたが、柱や柱根跡はほとんどみつからなかった。盛土を除去すると、多数の杭と転ばし根太があらわれた（北から、盛土の長軸11.1m）。

ている状態であったが、やはり炉跡はなかった。また、建築部材もみあたらなかった。

第六次調査の結果、盛土上に平地住居がなかったことを確認できた。後から気づいたのだが、同様の事例が、第二次調査でもみつかっていた。

集石遺構（図25）とよばれ、拳大から人頭大の石を数多く集めた遺構である。焼石を多く含み、また上面からは焼土、炭化物、焼骨などがみつかったことから、調理場であったとも考えられる。集石の下には盛土があり、これを除去すると杭があらわれた。柱根跡はないし、杭の真上にも集石が広がっていた。石を集めて配置した時点では、周囲に柱はなく杭が集石と盛土のなかに埋め込まれていたのだ。

図25●集石遺構
盛土の上に焼石を含む石が集められている。焼土や炭化物、焼骨が出土しており、食材を調理した可能性が高い。盛土の利用法がわかる一例である。盛土内には多数の杭が打ち込まれており、集石の真下にもあった。

4　盛土はなんだったのか

盛土の検討

盛土の数は第一〜第六次調査で二二基がみつかったとされてきたが、報告書を詳細に検討したところ、その数は四二基に増えそうだ。柱はあるが盛土がない住居と考えられてきた遺構の断面図と断面写真を観察すると、ほかの盛土にくらべて高さは低いが、人為的に積み上げた砂や粘土の層がそれぞれ数センチの厚さで重なっている様子を確認できた。また、盛土自体が自重により沈下して低くなってしまったところもあった。

何度も土砂を積み足した結果、盛土が高くなる例もあるが、これらは低いままに放置したのだろう。

杭の配置が不規則なものは除外したが、これまで住居とされてきた杭のまとまりはその規模に大小はあっても、ほとんどのものが盛土をもっていたといえる。さきほどの検討にしたがうと、もはや住居とはよべなく、正確には杭で土留めした盛土ということになる。

盛土の集合体

各盛土はそれぞれ近接した位置に築いており、少なくとも縁辺の傾斜部はつながっていただろう。盛土と盛土のあいだに土砂を積み足して二つを連結した例もある（**図26**）。最初に築いた盛土がどれなのかわからないが、つぎつぎに増やし、あるいは拡張し、連結し

図26 ● 盛土のなかからもう一つの盛土と大量の遺物が出土
図24左の盛土の中心付近を掘り下げたところ、廃棄されたままの状態の遺物が多数出土した。二つの盛土が築かれ、その間に遺物が廃棄されていたのである。この上に盛土が積み足され、全体で一つの盛土として使用されていた（北東から）。

て最終的には広大な盛土の集合体となったはずだ（図27）。調査でみつかった分だけだが、概算で総面積を求めると約一三五〇平方メートルとなり、シングルスのテニスコートがだいたい七つ入る広さである。安定し、かつ乾いた地表面を大規模に造成しており、現代でいえば、湿地を改良するためのかさ上げ工事に該当するだろう。

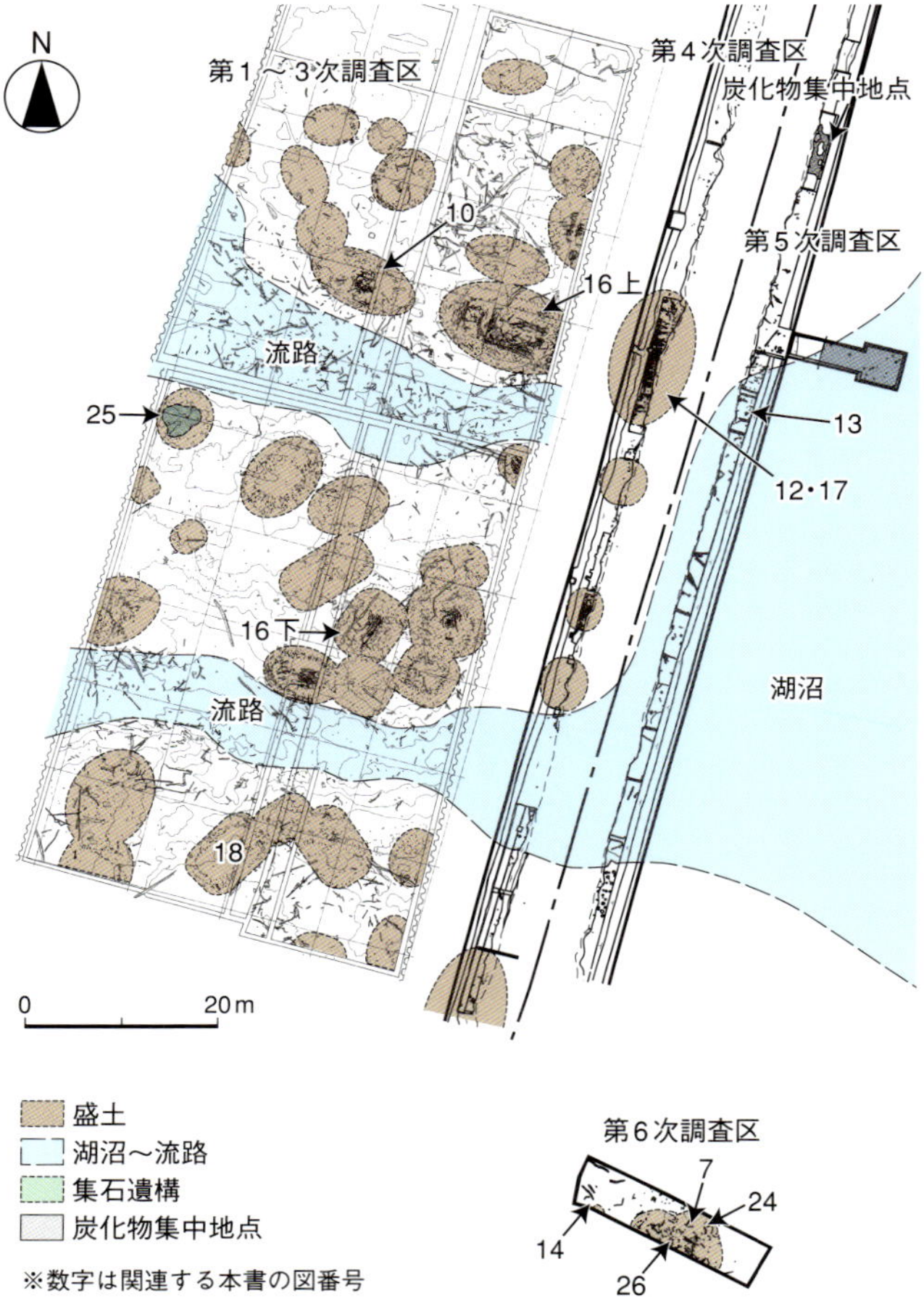

図27 ● 全調査の平面図
再検討によって新たに盛土としたもの、外したものを整理した。湖沼から発した流路が盛土のあいだを抜けて西側へむかうと考えている。調査区外の湖沼は推測によるものである。つぎつぎに盛土を築いていくと最終的にこの図のようになるが、なかには沈下して使われなくなったものもあっただろう。

竪穴住居は不要になると埋めてしまうこともあるが、盛土の場合は一度築けば、よほどのことがないかぎり撤去することなくずっとその場所に残る。たいへんな労力を必要とした作業であり、集落全体が協力して作業にあたったと考えられる。

盛土の使用時期

盛土が平地住居の痕跡ではないと考えるに至った根拠がもう一つある。

大谷地の形成にまで戻って考えると、吉野川と屋代川の自然堤防によって排水が滞ったことが湿地化の原因の一つだった。そうすると雪解け水が流入したり、大雨が降ったりした場合、大谷地一帯は水浸しになってしまったのではないだろうか。現在でも排水路が整備されているにもかかわらず、雨が多いときには大谷地一帯が冠水することがある（図28）。盛土があったとしても水害を避けられなかった可能性が高く、水位が上昇したときは盛土を利用できなかっただろう。

第四〜第六次調査で、盛土の裾部分や流路内、地盤上に堆積した粗砂がみつかっている。高低差の少ない大谷地をゆっくりと通過した流路の水では運べそうにもないものだ。だとすれば、この粗砂は遺跡の西側を流れる吉野川の洪水によって運ばれてきたと考えるべきだろう。北から南へむかって流れ、遺跡付近で西に流れを変えている吉野川は、いまでは遺跡から三〇〇メートルほど離れているが、当時はもっと近かったかもしれない。

現代の河川は護岸や堤防によっていつも同じところを流れるように整備されているが、かつては洪水などのたびに位置を変えていたのだ。盛土の上まで水に浸かったかどうか、沈殿した砂だけでは判断できないものの、すぐそばまであふれくる水に身の危険を感じないわけにはいかないだろう。

発掘調査でもそうした経験をしている。冬場におこなった第五次調査のとき、一晩で五〇センチもの積雪があった翌日のこと、晴天に恵まれて、大谷地および北と東側の山地に積もった雪がいっせいに融けだしたのである。調査区は水没し、隣の沼尻堀排水路もあふれんばかりであった。調査区内に滝のように流れ落ちる雪解け水は数日間止まることはなかった。第六次調査でも大雨で調査区が水没したことがある。降り注いだ雨はゆっくりと排水されるため、沼尻堀排水路の水位はなかなか下

図28 ● 平時と水害時の大谷地全景（北東から）
⬇が押出遺跡、⬇が白竜湖の位置。2014年7月の大雨により大谷地一帯が冠水した（下）。高低差が少ないため、一帯が水におおわれてしまった。前年に続き2年連続の水害であった。

がらなかった。

水はけの悪さは周囲の地形が原因となっており、当時の状況も変わらなかったはずである。やはり、このような場所に住居を建てて住むことは困難だといわざるをえない。雪解け時期や梅雨期などは盛土の使用も控えていただろう。

盛土の使用法

元山形県教育庁所属の佐藤庄一氏によれば、昭和三〇年代、大谷地内の水田に休憩や資材置きのための仮小屋を建てていたという（図29）。当時中学生だった佐藤氏自身がその手伝いをしており、つぎのような詳細な報告をしている。

水田の隅に伐採したハンノキなどの木材を長方形にならべて泥の下に押し込み、その上に粘土を五〇センチほど盛り上げる。このとき粘土と一緒に小さめの凝灰岩の砕粒を混ぜ込む。つぎに盛土の周囲に大型の角礫を四角形にならべ、土が散乱するのを防ぐ。小屋の骨組みはこの基礎のうえに、稲杭を打ち込んで柱とし、カヤで屋根を葺く。小

図29 ● 大谷地で農作業の農婦と仮小屋
1959年に撮影された写真で、右奥の水路脇に仮小屋の一部が写り込んでいる。佐藤庄一さんによると「少々立派すぎる」とのことであり、いろいろなタイプがあったのだろう。毎年盛土を補修して建て替えたという。

屋は毎年建て替えるため、必要に応じて基礎を補修したという。

非常に興味深い報告である。土留めの杭こそ使用していないが、押出遺跡の盛土にも共通する点がある。盛土の上面では、柱か杭を抜きとった痕跡の可能性がある遺構がわずかだがみつかっている。痕跡がみつかっていない盛土がほとんどなので、はっきりとはいえないが、簡素な建物を建てていた可能性はある。

具体的には第4章で検討するが、出土した遺物から推測すると、盛土上およびその周辺では、さまざまな作業をおこなっていたといえる。湿地、あるいは湖沼や流路のそばでおこなうほうが効率的だという判断があったのだろうか。もしかすると、泥炭を乾燥させて燃料にしていたのかもしれない。

多種多様な出土遺物がある以上、盛土は水辺の作業場として使ったと考えるのが筋である。軟弱な地盤を改良して、作業をおこなうために構築した足場が盛土であったのだ。では、住居を建てて居住していた場所はどこにあったのだろうか。それは調査していない周辺の別の場所にあると考えている。押出集落の全体像は、これまで考えられていた姿とは大きく変わることになる。

第3章　彩漆土器の世界

1　彩漆土器とは何か？

出土直後のあざやかな赤色漆

筆者は第五次調査で、はじめて出土直後の彩漆土器をみることができた（図13参照）。あざやかで、かつての調査で出土した、色あせてしまった彩漆土器とはまったく印象がちがった。土中から姿をあらわし空気にふれたことで風化が一気に進み退色してしまうため、急いで周囲の土をとり除いて写真を撮った。

赤色漆の顔料は、パイプ状ベンガラ（酸化鉄の一種）である。よく使用される顔料であり、出土例もめずらしくないが、風化して本来のあざやかさを失った状態のものが多い。低湿地遺跡でなければ、当時の色合いに近い状態のままで出土することはなかっただろう。

世界最古の漆利用は？

日本列島における漆を利用した遺物の出土は、縄文時代早期にまでさかのぼる。最古の例は北海道函館市の垣《かき》ノ島《しま》B遺跡から出土した約九〇〇〇年前の漆糸製品である。赤色漆を塗った糸で編んだ装飾品で、副葬品として土坑墓に埋納されていた。これより古い出土例は海外にもなく、現状では世界最古のものとされている。ウルシの木自体はというと、鳥浜貝塚から草創期に属する枝材が出土しており、約一万二六〇〇年前のものと測定された。

植物学者の鈴木三男氏によれば、ウルシの木は元来日本列島には自生しておらず、自生している中国大陸からもたらされたものだという。しかし、中国でもいまのところ垣ノ島B遺跡の出土例より古い漆の利用例は確認できていない。今後中国からより古い漆の利用例が発見されるのではないかとしている。

垣ノ島B遺跡の出土例は押出遺跡より約三二〇〇年も古いものであり、その間、縄文人によって漆に関する諸技術が受け継がれ練磨されてきたとすれば、彩漆土器製作にかかわる技術が相当に高度であっても、驚くことでもないのかもしれない。ただし早期から前期にかけての漆製品の出土例はわずかであり、どのように技術が継承され、発達してきたのかを解明するのは今後の課題となろう。

彩漆土器の製作法

出土した漆塗土器には、重要文化財に指定される際に「彩漆土器」という名称が与えられた。

それまでは彩文土器とよばれていた。また、ほかの遺跡では漆塗土器とよぶこともあり、名称は統一していない。

土器の外面に「漆絵」を描いたことから彩漆土器と名づけられたようで、赤色漆を塗ったうえに黒色系漆で文様を描いた土器を前提として考案されたのだと思う。しかし、彩漆土器として重要文化財に指定されたもののなかには、赤色漆を塗っただけの土器や、通常の深鉢形土器に赤色漆を塗ったものも含まれている。後者は、工具を用いて刻みつけた文様や粘土紐を貼りつけた文様などをもつ深鉢形土器に赤色漆を塗ったものであり、出土例が比較的多い通常の漆塗土器とのちがいはなく、わざわざ彩漆土器とよぶ必要はないものだ。

本書では、彩漆土器の特殊性をより明確にするために、つぎのように定義したい。

「漆塗土器の一種で、表面には工具や粘土紐などによる文様や縄文が施されず、漆によって彩色、文様が施された土器。漆による彩色だけの土器と、漆で彩色した上に漆によって文様が描かれた土器の二種類がある」

土器そのものは漆塗り専用につくったと考えられ、同じ器形の土器で漆を塗っていないものは、少なくとも押出遺跡では出土していない。通常の土器に漆を塗ったものとは明確に区別できる。

まったく文様のない縄文土器は、ごく一部の例を除いて存在せず、いずれも工具や粘土貼付、縄文などにより文様を施している。焼成前の土器に直接文様を施すものだが、彩漆土器の場合は、焼成後の土器に漆を塗って文様を描いている。施文のタイミングも方法もまったく異なるものであり、ほかの縄文土器とは一線を画する。

では、なぜこのような特殊な手法をとったのだろうか。一般的には漆を塗るメリットとして、防水性や防腐性に優れている点を挙げることができる。しかし、彩漆土器の内面には漆を塗らず、外面のみに塗っていることから、防水性を期待したものではない。また、優れた防腐性によって数千年の時を経て私たちが鑑賞できているのだが、反面、紫外線には弱いという特性があり、当時の環境下でどの程度耐久性を発揮できたかはわからない。こうしたことから漆という塗料によって土器に装飾を施すことが目的だったと考えている。

出土した彩漆土器は、浅鉢形が七点、鉢形が一点、壺形が一点、破片数十点である。彩漆土器の出土量の多さも、押出遺跡の大きな特徴の一つである。

2 あらたな発見

彩漆土器の基本的な器形

完形に復元できた彩漆土器八点中、七点がソロバン珠によく似た浅鉢形である（**図8参照**）。破片資料の多くも同じ器形のようだ。口縁部が内側にすぼまり、胴部のなかほどが最大径となる。大きさはさまざまだ。口縁部に貫通孔が一周するという特徴が共通する。

底部は**図8**①のように丸底のものが一点、ほかのものには低い台がつく。表面を平滑に仕上げ、赤色漆を外面全体に塗布している。また、**図8**③の台の部分には黒色系漆で短い縦線を描き、①と②には渦巻文などの文様を描いている。いずれもよく似た器形と文様であり、同一人物とまではいえなくても同じ技術を共有する製作者らが短期間につくったと考えてよさそうだ。

これらの土器の器形、文様の特徴は諸磯b式土器に該当し、その主たる分布域である関東地方とのかかわりが色濃い。関東地方のどこかで製作された彩漆土器が持ち込まれたのか、それとも製作者らが押出集落を訪れて製作したのだろうか。漆製品はほかにもいろいろあるので、後ほど総合的に検討することにしたい。

なにに使用したのかは、明確な痕跡がみられないことから、はっきりとしたことはいえない。通常の縄文土器のように煮炊きに使っていた痕跡はなく、内部はとてもきれいで、使用による破損もほとんどみられない。いまのところは土器にダメージを残さない使い方であったとしかいいようがなく、だとすれば、威信財（権威をあらわすもの）として所有していたのか、あるいは祭祀などに用いられたと考えられる。

みたこともない形

はじめは第六次調査区の西端付近から、彩漆土器の小さな破片だけが出土した。期待していた完形品ではなかったため少々落胆した。器形もこれまでどおり浅鉢形だろうと思っていた。すでに筆者は第五次調査で、浅鉢形の彩漆土器を掘りだす感動を味わっていたので、このときは同僚にその役を譲った。

ところが、小さな破片なのになかなか作業が終わらない。みると破片の下からその本体であ

上面

正面

右面

左面

裏面

図30 ● 壺形彩漆土器

胴部が大きくくびれ、上からみると隅丸の正方形である。赤色漆の上に黒色系漆による文様が描かれ、口縁部、肩部、台部に貫通孔がある（高さ13.9cm）。

ろう二器が顔をのぞかせている。土がとり除かれて全体の姿があらわれると、そこにはみたこともない形の彩漆土器がほぼ完全な状態で横たわっていた（図14参照）。はじめてみる器形であり、その形をすぐには頭のなかで理解することができなかった。もちろんあざやかな赤色漆をまとっていた。

底部付近が欠けていたが、最初に出土した破片と土器内部に入り込んでいた破片があったので完形に復元できた。上半部、下半部とも膨らみがあり、中央部分が大きくくびれ、底部には低い台がつく。もっとも驚いたのは、上からみると隅丸の正方形であることだった（図30）。

全国的にみても、同じ器形の土器はみあたらない。もしかすると破片では出土しているかもしれないが、全体の形がわからなければ、この器形は想像もつかないだろう。この器形の存在を知ったことにより、後の資料調査で収蔵されている第一～第三次調査の出土品のなかに同じ器形の彩漆土器の破片を一点探りあてることができた。

口縁部は内側にすぼまり、浅鉢形と同様に貫通孔が一周する。また台部に二カ所、肩部の四隅にも二カ所ずつ貫通孔がある。口縁部以外にも貫通孔があるのは浅鉢形にはない特徴だ。肩部の貫通孔は紐を通して吊るすためのものだろうか、あるいはなかに入れた液体を注ぐためのものだろうか。液体を入れていたとすれば、貫通孔がある肩部からでなくては注ぎにくい構造になっている。

漆の塗り方や文様は基本的に浅鉢形と同じだ。赤色漆を口縁部と台部の末端を除いた外面全体に塗り、黒色系漆で文様を描いている。くびれの部分には菱形文が横たわり、その上下を列点文がはさみ込む。肩部と底部付近の膨らみ部分は渦巻文を主体とした各種の文様が満たし、土器を上から三段に分割して文様を配置したようだ。また文様はつねに複数の細線を並列させて描いている。漆を塗った筆あるいは刷毛は出土していないため、どのような方法で塗ったかわからないが、文様部分についてはかなり細い用具が必要だったようだ。

塗り方と使用法を推理する

漆塗膜の分析によると（図31）、まず土器の表面に透明漆を塗り、そのうえにパイプ状ベンガラを顔料とする赤色漆を塗り、最後に文様部分となる透明漆を塗っていることがわかった。

透明漆とは字句どおり「透明」なのではなく、顔料を入れていない漆液のことであり、どちらかというと飴色をしている。文様部分も透明漆ということは、黒色にみえているにもかかわらず、顔料は含まれていなかったのである。また、この透明漆には不純物も多く含まれているようである。

文様部分をよく観察すると、細かいヒダ状の縮皺《ちぢみじわ》が多く見られる。縮皺は漆の状態が生漆や半精製漆であったときに発生しやすいという。このような透明漆が厚く塗られたために、光の反射率が下がり黒色にみえるのだ。赤色漆と異なり顔料が含まれていないため、本書では「黒

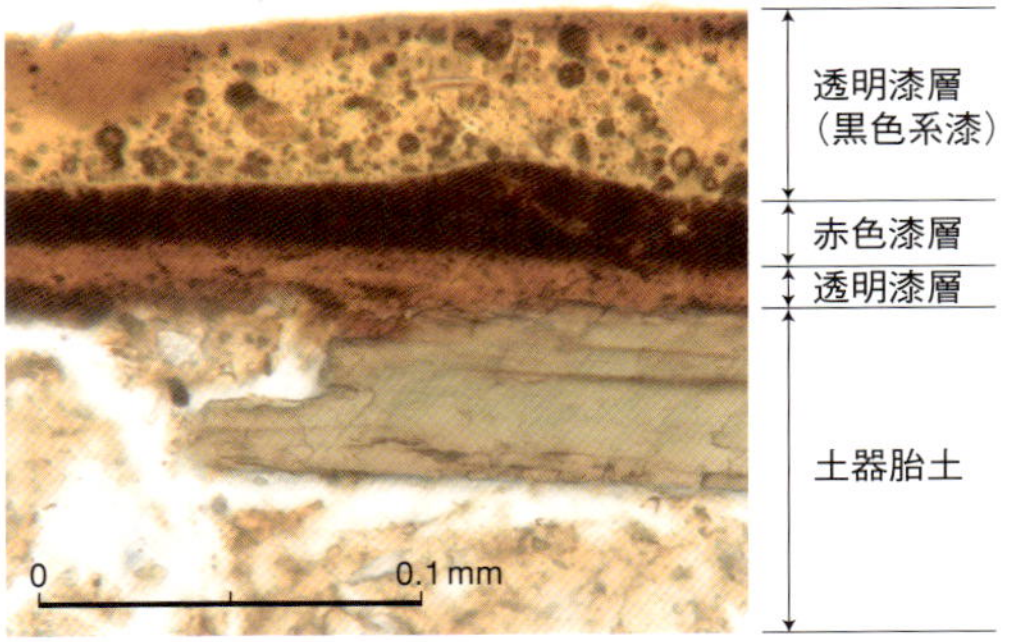

図31 ● 壺形彩漆土器の漆塗膜断面
土器の上に3層の漆層が塗られている。赤色漆層には顔料のパイプ状ベンガラが含まれるが、透明漆層に顔料はなく不純物が多く含まれている。黒色系漆にあたる透明漆層は非常に厚いため、光の反射率が下がり黒色にみえる。

色漆」という名称を用いずに「黒色系漆」とよんでいる。

　上下の膨らみ部分の端部では、漆の剝がれが目立つ。持ち運びや土器の使用時に何かに接触したためであり、飾り物ではなく実用品であったことをうかがわせる。内面を観察すると、上から四分の一程度は破損もなくきれいな状態だが、これより下の部分は表面があちこち剝がれている。何らかの液体を出し入れし、そのつど濡れたり乾いたりしたために傷んだものだろう。使用によるダメージを受けている点が、浅鉢形の彩漆土器と異なる特徴である。

3　さまざまな漆製品

結い上げた髪にとめる漆塗櫛

ここで出土したほかの漆製品もみていこう。
　図32は漆塗りの櫛の破片である。縄文時代の櫛は、横に長い「横櫛」ではなく、幅が狭く歯の部分が長い「竪櫛《たてぐし》」とよばれるものである。つくり方のちがいから刻歯《こくし》式と結歯《けっし》式の二種類がある。一つの木材からフォークのように歯を削りだしたものが刻歯式で、一本ずつ別々につくった歯をならべ、その一端を紐や漆で固めて櫛状に

図32 ● 漆塗櫛
紐を非常に密に巻いている様子がわかる（縦4.0cm）。歯はすべて抜け落ちており、結束した紐と塗られた漆だけが残っていた。全体の形状がわかるものは出土していない。

整形したものが結歯式である。刻歯式で有名な櫛は鳥浜貝塚から出土した。九本の歯をもち、基部には二本の角状の飾りがあり、全体に赤色漆を塗ってある（**図33**）。

押出遺跡出土の赤色漆が塗られた竪櫛の破片は結歯式であり、紐を巻いて結束した歯の基部付近だけが残っていた。抜け落ちた七本の歯の痕跡が確認できる。装飾品として結い上げられた女性の髪に挿したのだろう。

装飾品かもしれない櫛状漆器

図34は一見すると竪櫛のようだが、昭和女子大学の武田昭子氏の調査により、櫛ではないことがわかった。上のほうの基部は細い紐を編み込んでつくり、歯のように伸びている部分は同じ紐を垂らしたものであった。この編物になんらかの混ぜものを含んだ赤色漆を数回重ね塗りして固めているという。

垣ノ島B遺跡で出土した、縄文時代早期の漆塗糸で編んだ装飾品と同じく、糸や紐を編むことで形をつくっている。垣ノ島B遺跡のものは編布《あんぎん》編みによって編まれた

図33 ● 鳥浜貝塚出土の竪櫛
1975年に出土し、鳥浜貝塚を象徴する遺物として大きくとりあげられた。ヤブツバキ製。結歯式より単純なつくりのようだが、刻歯式の例はこれ以外みつかっていない（縦8.9cm）。

図34 ● 櫛状漆器
紐で編み込んでつくり赤色漆を塗ってある。本来はどのような形だったのかわからないが、紐や漆を使った製品の多様性を物語る品である（縦4.2cm）。

長方形の布片として復元されている。押出遺跡出土のものとは異なる形態だが、同じように装飾品として身につけたのではないかと考えている。

海岸部とのかかわりを示す貝蓋装飾付漆塗膜

図35左上はもともと巻貝の蓋を貼りつけた漆塗木製品の装飾部であったが、木製品本体と貝蓋が失われたために、塗ってある漆だけが膜状となって残ったものである。漆塗膜には貝蓋の圧痕がはっきりと転写されている。

青森県野辺地《のへじ》町の向田《むかいだ》（18）遺跡から出土した、国指定重要文化財にも指定されている「赤漆塗木鉢」に同じ装飾がある。把手《とって》の上端面に貝蓋を貼りつけ、全体に赤色漆を塗っている。押出遺跡のものも塗膜裏面の痕跡から木製品に塗ったものと推定でき、同じような木鉢が存在した可能性がある。塗装工程は、先に木胎《もくたい》に透明漆を塗り、つぎに貝蓋を貼りつけ、最後に赤色漆を塗るという順序だったことがわかった。

押出遺跡と向田（18）遺跡の二つの遺跡でしか出土例の

漆塗膜

スガイの蓋
（現生標本）

向田（18）遺跡出土の
赤漆塗木鉢

図35● **貝蓋装飾付漆塗膜とスガイの蓋、向田（18）遺跡出土の赤漆塗木鉢**
漆塗膜に貼りつけられたのは、スガイの蓋だと推測されている。もともとは赤漆塗木鉢のような製品だったのかもしれない（左上：縦1.2cm）。

ない非常に特殊な装飾技法であり、別々に考案されたものとは考えにくい。時期は向田（18）遺跡のほうがやや新しいようだが、製作された時期と製作者らは同じと考えたほうがよいだろう。廃棄された時期が、押出遺跡のほうが早かったということになる。

貼りつけた貝蓋は、海に生息するスガイという巻貝のものと推測されている。めずらしい種ではないが、海から遠く離れた内陸部にある押出遺跡から出土したのは、少々驚きである。海岸部から搬入したか、製作者らが押出集落で製作したのだろう。

玉のような鯛の臼歯を使った漆塗製品

図36左上二点は漆を塗って、鯛の歯を貼りつけたもので、鯛の歯の装飾付漆塗製品と名づけた。残っていたのは漆塗膜の小破片のみのため、本来どのような製品だったのかはわからない。

富山市の縄文時代前期の小竹《おだけ》貝塚に類例があり、発掘調査報告書にくわしい分析が掲載されている。こちらも小破片であり、鯛の臼歯六個、犬歯一個を貼りつけ、赤色漆を塗ってある。鯛の種類までは判別できないようだ。漆を塗った胎はタケ亜科の茎部を縦に裂いたもので、これが編み組まれたものかどうかは確認できていない。カゴのように編み組んだものであれば籃《らん》胎《たい》漆器ということになるが、この資料だけではそこまではいえないという。これまで縄文時代前期までさかのぼる籃胎漆器の出土例はなく、もし小竹貝塚のものが籃胎漆器であれば、その製作開始時期が大きくさかのぼるだろう。

押出遺跡から出土した漆塗膜には鯛の歯自体は残っていないが、歯の裏面の痕跡を漆塗膜の凹みのなかにみることができる。小竹貝塚出土例と同じものであれば鯛の臼歯にちがいなく、マダイの歯の現生標本を作成して照らし合わせてみたところ、ピタリと一致した。ただしマダイかどうかは確定できないので、タイ科の仲間ということになる。ほとんどが臼歯であるが、一部に犬歯も含まれていた。鯛の臼歯の上半部はきれいな玉状であることから、これを装飾に用いたと考えられる。

漆塗膜の裏面に残る胎の痕跡を観察したところ、縦と横方向の筋をもつものと紐の二種類があった。前者は籃胎漆器の可能性があるが、資料が小さく編み方もはっきりしないため断定はできない。もう一つは径三ミリほどの紐を二本ならべたものである。これを漆で固めて鯛の歯を接着し、さらに漆を塗っている。両者とも鯛の歯による装飾は同じだが、胎が異なっており別種の製品であったかもしれない。

胎が籃胎の可能性があるもの
（上：横 1.6 cm、下：横 1.4 cm）

胎が二本の紐を並べたもの
（横 2.2 cm）

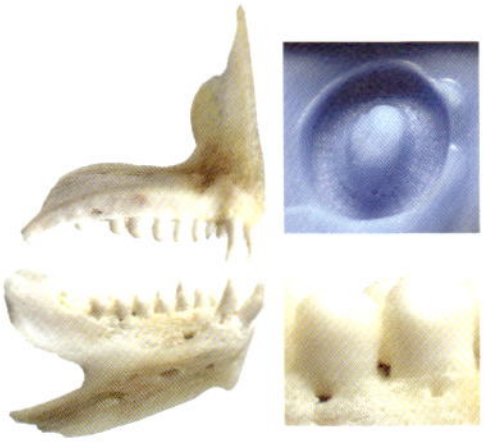

マダイの現生標本（横 3.4cm）と臼歯の裏面を転写したシリコン（横 2.7 mm）

小竹貝塚出土の類例、表裏面と X 線透過画像（縦 1.1 cm）

図36 ● 鯛の歯の装飾付漆塗製品と小竹貝塚の類例、マダイの現生標本
鯛の歯を漆塗製品に接着する装飾技法である。鯛の臼歯の上半部はきれいな玉状であることから、これを装飾に用いたのだろう。

なお、鳥浜貝塚出土の結歯式竪櫛にも縦にならぶ円形の凹みがみられ、これも類例に追加できそうだが、まだくわしい報告はない。写真をみたかぎりでは、押出遺跡の出土例と非常によく似ていると思う。鳥浜貝塚の出土例を含めても、これら三遺跡でしか出土例がない特殊な装飾技法である。

撚り方いろいろの漆塗糸

図37は、赤色漆あるいは黒色系漆を塗った糸、または繊維である。糸・繊維本体は失われ、漆塗膜の細かい破片ばかりが出土した。元の形がどのようなものだったのかは残念ながらわからないが、先にみた櫛状漆器や鯛の歯の装飾付漆塗製品は糸や紐を用いてつくられており、これらの一部だった可能性もある。

漆を塗ってしまえばどれも同じような外見だが、内部の糸・繊維を観察すると、少なくともつぎの五種類の撚り方のものがあった。撚りのない繊維束、撚りのない繊維束に同じものを巻きつけたもの、左撚りの糸、左撚りの糸どうしを右撚りにしたもの、右撚りの糸どうしを左撚りにしたもの、である。左撚りの糸どうしを右撚りにしたものには黒色系漆を塗り、ほかはすべて赤色漆を塗ってある。

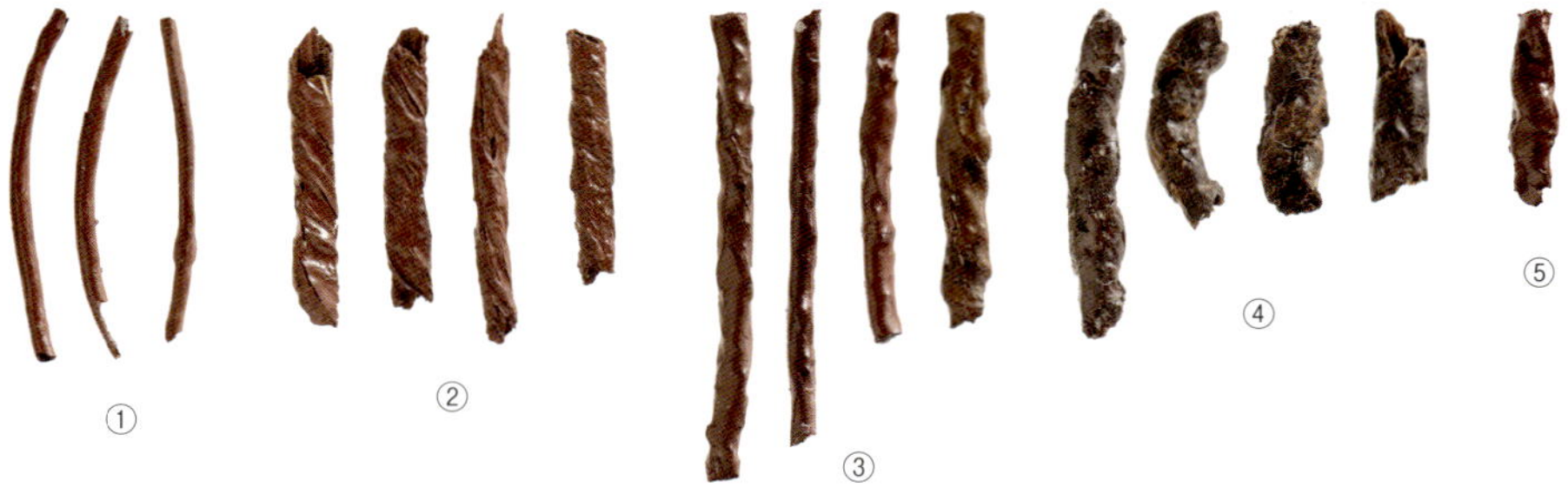

図37 ● **漆塗糸**
①撚りのない繊維束、②撚りのない繊維束に同じものを巻きつけたもの、③左撚りの糸、④左撚りの糸どうしを右撚りにしたもの、⑤右撚りの糸どうしを左撚りにしたもの。④は黒色系漆、ほかは赤色漆が塗られている（右端：長さ1.2㎝）。

以上、押出遺跡出土の漆製品をみてきたが、技術や材料の観点から、彩漆土器と貝蓋装飾付漆塗膜、鯛の歯の装飾付漆塗製品の三種は、押出集落のなかだけではつくりえないものといえる。

彩漆土器は関東地方の諸磯b式であり、貝蓋装飾付漆塗膜と鯛の歯の装飾付漆塗製品は、海岸部でなければ手に入らない貝蓋と鯛の歯を使っている。では、この三種類の漆製品はいったいどこで、誰が製作したのだろうか。

4　漆職人が行きかう里

精製過程を示す漆液容器

その点について筆者は、製作者が押出集落に来訪し製作したと考えている。

まず漆塗りの作業について検討してみよう。押出遺跡からは漆液容器に使った数十点の小型土器が出土している（図38）。そのなかには漆液の精製過程を示すものがある。内面に付着した漆液が、生漆であるために大きな縮皺が生じたり塊状になったりしたものと、精製されているために縮皺が少なく艶があるものなどである。また、わずかではあるが顔料が入った赤色漆が付着したものも出土している。黒色系漆と赤色漆の両方を押出集落で塗ることができたことがわかる。

また盛土に打ち込んだ杭のなかにはウルシの木もわずかだがある。こうしたことからウルシの木の栽培から漆液の採取、精製、漆塗製品の製作まで押出集落内で一貫しておこなっていたとみてよいだろう。

彩漆土器の製作

では彩漆土器はどうであろうか。すでにみてきたように、押出遺跡からは完形品八点および破片が数十点と、まとまった数が出土している。実際は、発掘調査で出土した点数以上の数が押出集落に存在していたはずだ。

これらすべての彩漆土器が遠隔地から運搬されてきたと考えるより、押出集落内で現地の資材を使って製作したと考えるほうが合理的ではないだろうか。出土している漆液容器の土器型式が大木4式であることも考慮すべきだろう。

その際、いくつかの土器は見本として押出集落に持ち込まれたということも考えられる。もちろん無償ではなく、なにかと交換したのだろ

図38 ● 漆液容器
内面の漆の状態によって左が生漆用、中央が精製漆用と考えられる（高さ、左：110mm／右：14.0cm）。右は赤色漆を入れた容器の破片である（幅6.5cm）。

図39 ● 押出遺跡から出土した遠隔地の土器
北陸地方の刈羽式土器（左上）、関東地方西南部の諸磯b式土器（右）、東部の浮島Ⅱ式土器（左下）が出土しており、人と物の交流があったことがわかる（左上：高さ31.6cm、左下：高さ30.3cm、右上：幅18.6cm、右下：高さ9.0cm）。

う。浅鉢形彩漆土器の状態が非常によいのは押出集落内で製作し大事に保管されたからで、逆に壺型彩漆土器に外傷が目立つのは見本品として長距離、長時間運ばれてきたからと考えることもできる。

彩漆土器ではない通常の諸磯b式土器も、同じく来訪した製作者らがつくったと考えている。押出遺跡で出土した同型式の土器は、獣面把手がつく深鉢（**図39右下**）や、漆塗りの深鉢、彩漆土器と同じく口縁部に一周する貫通孔をもち、外面全体に複雑な文様を刻んだ浅鉢（**図39右上**）などの優品ばかりである。

諸磯b式土器で簡単な文様や縄文だけを施したものはほとんど出土しておらず、交換財として価値が高そうなものだけを製作した様子がうかがえる。在地の型式である大木4式土器の場合、簡単な文様を描いた「工具を用いて文様を刻むタイプ」のものが大勢を占めているのとは対照的である。

貝蓋装飾付漆塗膜と鯛の歯の装飾付漆塗製品の製作

貝蓋装飾付漆塗膜と鯛の歯の装飾付漆塗製品は、全体の一部しか出土しておらず、本来どのような作品だったのかわからないが、非常に特殊な技法によってつくられていることから、相当の価値をもつものとしてとり扱われただろう。

両者は、海産物と漆を使って装飾をほどこすという共通の技法を用いていることから、同じ製作者らの手によるものの可能性が高いとみている。出土した向田（18）遺跡、鳥浜貝塚、小竹貝塚、押出遺跡の四遺跡はほぼ同時期に営まれていることから、いずれかの集落でつくったものが流通したか、あるいはこの特殊な技法を身につけた製作者らがそれぞれの集落でつくったかのどちらかだろう。その独自性を考慮すると、それぞれ別個に考案した技法とは考えにくいのだ。いずれにせよ内陸部の押出集落は完成品か製作者らを受け入れる側であったことはまちがいない。

漆を塗り海産物を使って装飾をほどこす対象となる胎の種類はさまざまである。向田(18)遺跡では木鉢、鳥浜貝塚では結歯式竪櫛、小竹貝塚では籃胎漆器の可能性があるもの、押出遺跡でも何らかの木製品、籃胎漆器の可能性があるもの、そして紐と多種多様である。これらの類例がすべて同じ製作者らの手によるものとは言い切れないが、出自は一緒とみることは許されるだろう。

そうであれば、いろいろな作品を携えて旅をするのではなく、各地で現地の求めに応じて持参した海産物を使って完成品を製作した、あるいは提供された品々に対して装飾を施した結果、多様な胎が使用されるに至ったとは考えられないだろうか。本拠地と各地を行き来するのではなく、各地をめぐって漆塗製品を提供するのが、彼らの生業であったのではないだろうか。

仮に彩漆土器と貝蓋装飾付漆塗膜および鯛の歯の装飾付漆塗製品の製作者らが同じであったとすれば、彼らの本拠地は関東地方西南部の海辺のどこかということになろう。行動範囲は青森県から福井県にまでおよぶ広大な地域だ。

第4章　作業場の光景

1　土器による煮炊きと縄文クッキー

地方色豊かな縄文土器

第2章で筆者は、盛土群を平地住居ではなく作業場と考えた。では、そこでどのような作業がおこなわれていたのだろうか。出土遺物からみていくことにしよう。

土器は大量に出土しており、その多くは大木4式土器の深鉢である（図40）。大きく分けて、紐状の粘土を貼りつけて鋸歯状・S字状・ハシゴ状などの文様を施したタイプと、工具を用いて直線・波状・鋸歯状などの文様を刻んだタイプがある。前者のほうがより複雑な文様構成となる傾向だが、数は後者が圧倒している。器形は口が大きく開き、胴部が膨らむものと膨らまないものがある。とくに胴部が大きく膨らむものは金魚鉢形ともよばれ、粘土紐による複雑で多彩な文様をもち、大型品が目立つ。大木4式のなかでももっとも手の込んだ土器といえる。

つぎに多く出土しているのは、先にみた北陸地方に多く分布する刈羽式土器である（図39参照）。口縁部の狭い範囲に工具で直線・弧状などの文様を描き、その内部に同じ工具で連続して刺突する。また土器の外面は、撚り方向が異なる縄を交互に転がした羽状縄文でおおっている。大木４式土器とは土づくりの方法も異なるようであり、より細かい胎土を用いている。

このほか関東地方西南部の諸磯ｂ式土器、関東地方東部の浮島Ⅱ式土器が少数出土している（図39参照）。

このように遠隔地の特徴をもつ土器が出土していることは、当時、人と物の交流があったことの証明となる。刈羽式の大型品になると、高さ五〇センチを越えるものもあり、運搬手段の限られた当時は、完成品を壊さず運んでくるのは困難であり、製作者が押出遺跡を訪れて製作したのではないかと考えている。刈羽式土器の胎土が大木４式土器と異なるのは、粘土の選択、混和物の混ぜ具合も含めて型式の手法にそって準備したからだろう。

このように北陸地方、関東地方と交流があったことは

図40 ● 大木４式土器
紐状の粘土を貼りつけるタイプと工具によって文様を刻むタイプがある。金魚鉢形（左）や朝顔形（中）の器形も特徴の一つである（左：高さ30.6cm、中：24.9cm、右：40.0cm）。

明らかだが、押出遺跡より北方の土器は出土していない。遠隔地との交流は限定的であったといえるだろう。また、これら他地域の土器は、大木4式土器と一緒に出土することが多く、同時に使用されていたことはまちがいない。遠く離れた地域の土器どうしの同時性を証明する貴重な出土例でもある。

土器を運んだとしても、あるいは製作者が移動したとしても、必ず人の移動がともなう。人と物の交流は私たちが想像する以上に頻繁におこなわれていたようだ。押出遺跡に限らず、他地域の土器が多かれ少なかれ一緒に出土することはめずらしくない。列島中に張りめぐらされた各地域間の複雑なネットワークが絡み合い、人や物、情報が行きかうことで、列島全体でみたとしてもある程度の類似性、変化の方向性が一致した土器が各地でつくられていたと考えられる。移動の理由としては、交易や新天地を求めての移住、婚姻による移住などであろうか。あるいは定住をよしとしない集団も存在したのかもしれない。

煮炊きの痕跡と調理

出土した土器の大半に、分厚いスス・コゲが付着していた（図41）。その厚さは二ミリに達する個所もあり、外面をおおったススで文様が隠

図41●付着した分厚いスス
大木4式土器の口縁部破片である（縦11.8cm）。左と右は同じもので、左側がススの除去前である。ススを除去すると右側の写真のように文様がはっきりとあらわれる。ススにおおわれていたおかげで、器面の状態はとてもよい。

れてしまった土器もある。スス・コゲが残りやすいのも低湿地遺跡の特徴である。ススは文様が複雑か単純かにかかわらず付着しており、同じように火にかけて使用したといえる。スス・コゲの付着していない土器は少ないが、食料や水の貯蔵に使用したと考えられる。熱を受けていないので、壊れることもまれであり、長く使うことができるため、遺跡に残される数は少なくなる。同じ深鉢形土器であってもその利用法が煮炊きだけではないことがわかるのは、スス・コゲが残りやすい環境のおかげである。

外面のスス、土器内面のコゲの付着状態を研究した東北芸術工科大学の北野博司氏によれば、デンプンが豊富に含まれる汁物を煮込んだシチューのような料理に使用されたものが多いという。またコゲを炭素・窒素安定同位体比分析で調査したところ、植物と草食動物に由来するという結果であった。具体的な材料までは特定できないが、少しずつ当時の食卓の様子がみえてきた。

縄文クッキー

食卓といえば、第1章でもふれたように、クッキー状炭化物が多量に出土したことが押出遺跡の特徴の一つである（図9参照）。堅果類を製粉してこねて、円形に成形して加熱したものだと考えられている。直径二〜三センチの小型のものと、直径五〜七センチの大型のものがあり、表面には渦巻文や列点文が描かれるが、小型のものには文様のついていないものもある。

残存脂肪酸分析法により材料が判明したと報じられたことも、押出遺跡の知名度をあげた理由だ。帯広畜産大学の中野益男氏による報告では、クリ・クルミなどの木の実と、ニホンジカ・イノシシの肉・血液・骨髄、そして野鳥および野鳥の卵を材料とし、木の実を主体とした「クッキー型」と、動物質の多い「ハンバーグ型」があるという。材料を練り合わせ、食塩と野生酵母を加えて二〇〇～二五〇度で焼いており、栄養価は完全食に近く、保存食としても良好、ミネラルも豊富であるとしている。

その後、分析法そのものに対する問題が指摘され、東京大学の國木田大《だい》氏らが再検討した。炭素・窒素安定同位体比分析により調査され、堅果類（クリ・クルミなど）が主成分であると報告された。筆者も発掘調査報告書で同様の分析を二度ほどおこなったが、結果は國木田氏らと同じであった。具体的な材料名までは特定できない分析法だが、クッキー状炭化物のなかには、何らかの種子のようなものがそのままの状態で混じっていることがある。これらの同定により材料が明らかになるかもしれない。

これまで炭化物が付着した石皿は、クッキー状炭化物を焼くためにも使ったと説明されてきたが、國木田氏らの分析によれば、石皿付着の炭化物とクッキー状炭化物の成分は一致しないことがわかった。クッキー状炭化物は別の方法で焼いたと考えたほうがよさそうだ。クッキー状炭化物の表裏面にも石皿に載せた痕跡はない。

完全に炭化しているため、調理法を判断するのは難しい。炭化しているのは、調理に失敗したか、火の中に廃棄したかのどちらかによるものだろう。ほどよく火が通ったものは食べてしまったはずだ。焼いたのか、蒸したのか、あるいは茹でたのかもしれない。いずれにしろ土器を使った煮込み料理以外の調理法があったことはまちがいない。

食用になった植物

その他の食べものについてもふれておこう。

遺物包含層内からは、食用可能な植物の種子類が多数みつかっている（**図42**）。もっとも多いのがオニグルミであり、人為的に割られたものが多い。割られていないものには、ネズミにかじられた痕跡をもつものもあった。ほかに、クリ・キハダ・ヤマボウシ・ミズキ・ヤマブドウ・ニワトコ・ヒシ・ジュンサイ・コウホネ・エゴマ・アズキなどがある。湿地・湖沼・山野から多様な食材を集めていたことがわかる。

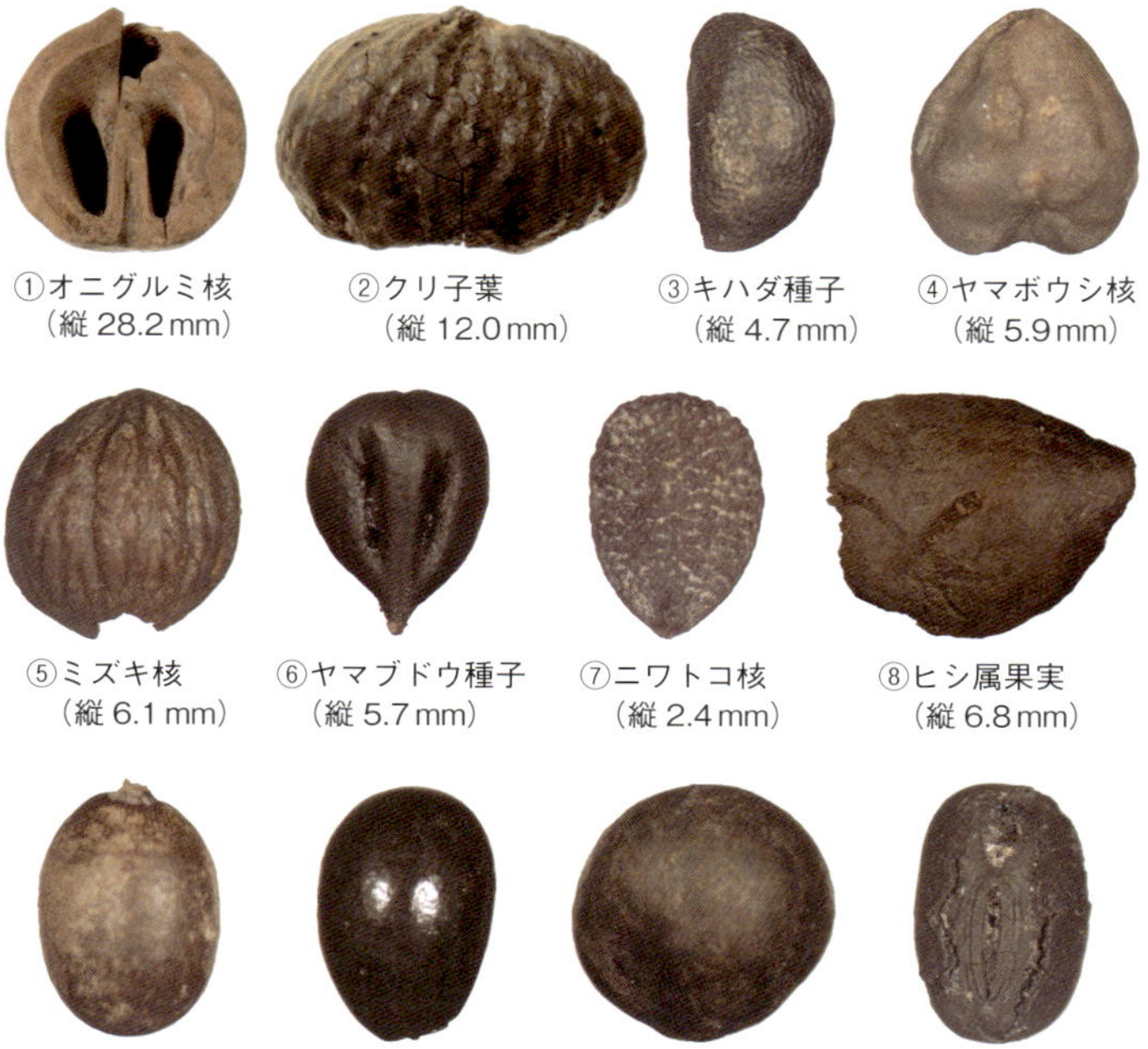

①オニグルミ核（縦28.2mm）　②クリ子葉（縦12.0mm）　③キハダ種子（縦4.7mm）　④ヤマボウシ核（縦5.9mm）
⑤ミズキ核（縦6.1mm）　⑥ヤマブドウ種子（縦5.7mm）　⑦ニワトコ核（縦2.4mm）　⑧ヒシ属果実（縦6.8mm）
⑨ジュンサイ種子（縦3.7mm）　⑩コウホネ種子（縦4.6mm）　⑪エゴマ果実（縦2.6mm）　⑫ササゲ属アズキ亜属（縦3.6mm）

図42 ● 食用とみられる植物の種子類
これらの花粉も検出されているが、種子類は花粉とちがって風で運ばれるものではないため、人為的に集落内に持ち込んだものと考えられる。狩猟・漁労でえたものを加えると想像以上に豊かな食生活を送っていたようだ。

これらは遺物包含層の上と下の層にはほとんど含まれておらず、集落内に持ち込まれて、消費されたと考えられる。オニグルミやクリは出土量から推定すると、主要な食材であったといえ、集落の近くに植えて育てていたのかもしれない。また、エゴマやアズキもまとまった量が出土しており、集落内で栽培されていた可能性がある。エゴマからは油を抽出したのだろうか。

ヤマブドウの種もきわめて多く出土している。生食用として、あるいは乾燥させてレーズンをつくり保存食としても利用したのだろう。また、果汁の利用法の一つとして、ブドウ酒の醸造についても検討すべきである。容器に入れて果実をつぶすと、果皮に付着している自然酵母と果実に含まれる糖分によってアルコール発酵がおこなわれる。

ブドウ酒はもっとも簡単に醸造できる酒類の一つとされており、とくに酸味のあるブドウの果実は雑菌による腐敗も防ぐため数日間の自然発酵で容易に酒になるという。ヤマブドウの利用法としてはさほど難しいことではないので、その可能性は十分にあるといえる。

出土量の少ない骨

出土した骨はすべて焼けたもので、その量も少ない。哺乳類では、シカ・イノシシ、魚類ではサケ科（サケ・サクラマス・イワナなど）が出土しており、いずれも食用にしたのだろう。湿地に飛来する鳥類も食料であったと思うが、残念ながらその骨はみつかっていない。骨類の保存性が悪い環境であるため、十分な資料がえられていないが、実際はいろいろな鳥獣類、魚貝類が利用されたと考えられる。

2　さまざまな石器

押出遺跡からは、弓矢の矢尻である石鏃、刃物である押出型ポイント・石匙《いしさじ》、工具である石《いし》篦《べら》・削器《さっき》・石錐《せきすい》・磨製石斧《ませいせきふ》・砥石《といし》、調理具である磨石《すりいし》・凹石《くぼみいし》・石皿《いしざら》、装身具である玦状《けつじょう》耳飾、祭祀用の石棒・岩版、用途不明の異形石器など、多様な石器が出土している。また、これらを製作する際に生じる大小の石屑も大量に出土しているので、ここで製作していたことがわかる。

ここでは押出遺跡を理解するうえで重要なものについてとり上げることにしたい。

ヨシ原を切り拓いた押出型ポイント

押出遺跡で数多く出土したことから、こうよばれるようになった押出型ポイントは、破片も含め二八〇点出土している（**図43**）。「ポイント」とは「尖頭器」のことで、先の尖った槍先形の石器を指す。

押出型ポイントの特徴は、基部に両側からえぐりを入れ、つまみをつくり出している形態にある。大きいものは

図43 ● 押出型ポイント
槍先形に成形され、下半部につまみをもつ。先端部が内側に屈曲するものや細身のものは、刃部が再生されたものであろう（右端：長さ18.7㎝）。

長さ一八・七センチ、小さいものは長さ三・三センチで、一〇センチ前後のものが多い。石材は山形県内では入手しやすい頁岩《けつがん》という堆積岩の一種を多用している。

刃の部分は破損後に再生していることがある。破損部をさらに割っていくことで刃を再生するため、当然小型化し幅も細くなる。なかには先端部を棒状になるまで加工して石錐として再生させた例もある。

形は槍先だが、実際の使用法はちがったようだ。東北大学の鹿又喜隆《かのまたよしたか》氏が刃部に残された使用痕を調査した結果、イネ科植物の切断に特化した道具であると報告している。この分析方法では種の特定まではできないとしながらも、周辺の植生からヨシを伐採したものと推定した。繁茂したヨシ原を切り拓き、維持するために「鎌」として使用した石器であろう。

図44 ● 石鏃
上から2段目までが完形品で、最下段が先端部を欠損したもの。上から3段目は先端部が内側に屈曲しており、欠損した先端部を再生したものと考えられる（右上：長さ7.1cm）。

石鏃とその未成品

石鏃は二六五九点と多量に出土した（**図44**）。第四～第六次調査では、掘り出した土をすべて水洗いし、発掘時に見逃した小さい石鏃もおおよそ回収したが、第一～第三次調査ではこういった作業をおこなっていないので、本来はもっと多くの石鏃が残されていたはずだ。

形態は底辺がくぼむ三角形のものがほとんどで、「凹基無茎鏃《おうきむけいぞく》」とよばれるタイプである。石材はやはり頁岩が多い。

大きさは最大で長さ七・一センチ、最小で長さ一・二センチであった。狩猟の対象になる鳥獣類の大きさに合わせて石鏃のサイズをつくり分けたのだろうか。また先端部が欠損した石鏃を再利用するために、加工しなおしたことで小さくなったものもある。両側縁が直線的なものは完形品で、両側縁が途中から内側に折れ曲がるもの、両側縁が内側に湾曲するものなどは再加工品だと考えている。

使用した矢を回収し、石鏃を再加工あるいは交換したために、多数の欠損した石鏃が遺跡に残されたと考えられる。

つくりかけの石鏃未成品は一〇五八点出土した（図45）。第一～第三次調査では別の石器（三角スクレイパー）に分類されていたが、再検討した結果、石鏃未成品に含めることにした。石鏃は、「母岩」とよばれる大型の石に打撃を加えて割りとった剥片に、さらに細かい打撃、圧力を加えて仕上げる。この過程の仕上げ段階に該当するものを石鏃未成品と判断することができる。完成品よりも大きく厚みもあり、形は二等辺三角形に近い。先端部が石鏃のように尖るもの、底辺がくぼむものがあり、部分的にだが石鏃の形がみえてきている。

図45● 石鏃未成品
石鏃より一まわり、二まわり大きく、加工の進み具合もまちまちである。先端部が石鏃に近い状態まで加工されているが、完成まではもうしばらくかかりそうである（右下：長さ4.6cm）。

石鏃も多いが、その未成品も多かった。それだけ消耗の激しい石器であったといえる。最終的な仕上げをせずに、このような未成品の状態でストックしていた可能性もある。

遠方よりもたらされた玦状耳飾

以上のような狩猟や調理にかかわる石器だけでなく、装飾品や祭祀にかかわる石器も出土している。

　玦状耳飾は四点出土し、内一点はネフライトという石材で製作した貴重な品であった（**図46**）。ネフライトは軟玉《なんぎょく》ともいい、国内では主に新潟県と富山県の県境付近で産出する。この玦状耳飾は完形品で、よく磨かれており、肉眼で認識できる研磨痕はなかった。

　貴重品であることから、とくに限られた人が身につけた品であったことは確かだが、出土地点は墓などの特別な場所ではなかった。第五次調査区の湖沼縁辺部から出土しており、破損した土器などとともに廃棄された状態であった。

小型の石棒

小型の石棒《せきぼう》が出土している（**図47**）。縄文

図47 ● 石棒
先端部には装飾が施されている。どのような祭祀に用いられたのか諸説あるが、やはり多産・安産を願っただろうと考えている（右：長さ14.4cm）。

図46 ● 玦状耳飾と琥珀玉
玦状耳飾（左・中央）は二つともていねいに磨かれている。中央は二つに折れており、補修孔をあけ紐でつないで修理されたと考えられる。右の琥珀も希少な石材であり、同時代遺跡では小竹貝塚や向田（18）遺跡などで出土例がある（左：縦4.8cm）。

時代中期の大型品がよく知られているが、石棒の出現は前期後半にさかのぼる。出土した石棒は一〇センチ前後の小型品で、岩手県・秋田県・山形県・群馬県などの限られた地域でしか出土していない。男性器を模した形態で、先端部には線刻や隆帯などの装飾があり、完形品は長さ一四・四センチである。祭祀に用いたと考えられ、多産、安産を祈ったのだろう。

赤い異形石器

多様な形をした石器も出土している（図48）。「C」字状、「X」字状、「L」字状、「J」字状などの形態がある。共通するのは小型であることと、碧玉《へきぎょく》の一種である濃赤色の鉄石英を多用していることである。なお、遺跡近在に鉄石英の産地は知られていない。製作時に排出された石屑も出土しており、押出遺跡で製作したと考えられる。

刃物あるいは工具であるならば、手に入れやすく、加工しやすい頁岩を用いたはずである。わざわざ遠隔地から入手しなければならない鉄石英を選択し、多様な形をつくり出したのは、その用途が装飾品あるいは祭祀具だった可能性をうかがわせる。赤色であることが重要な条件であったのだろう。

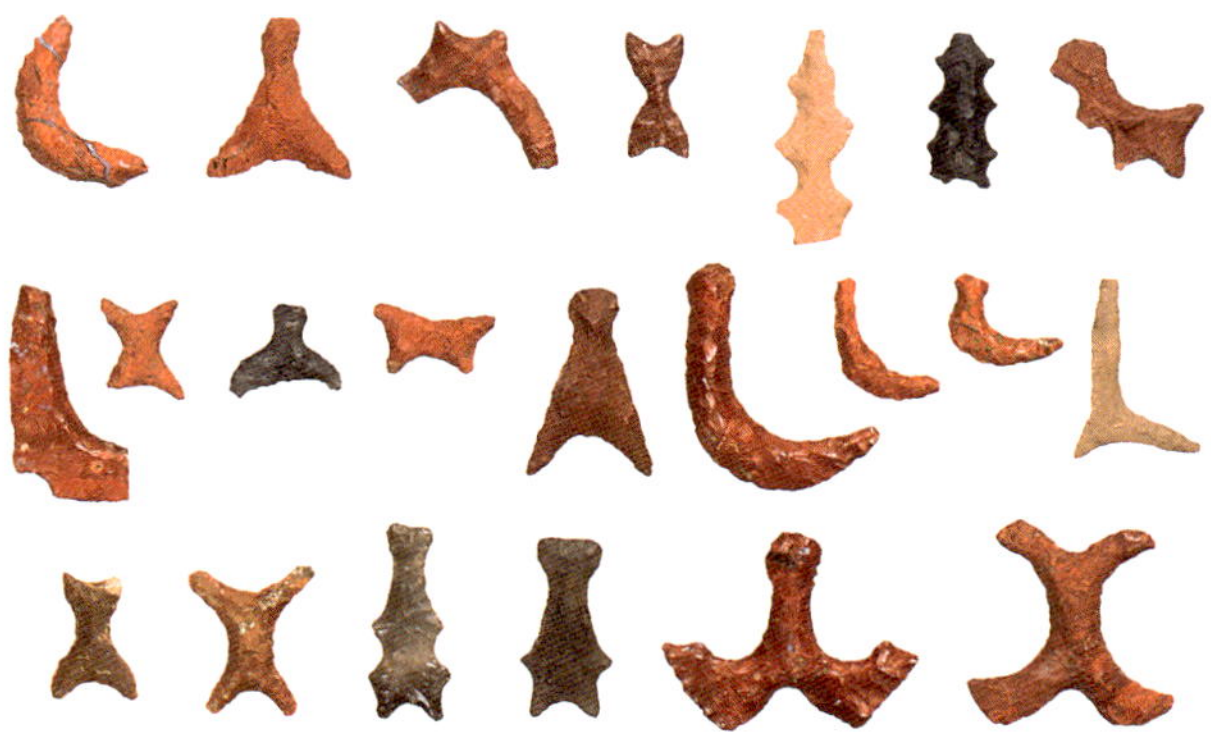

図48 ● 異形石器
さまざまな形態があり、実用的な道具ではなく祭祀用か装飾品だったと考えられる。石材は赤色の鉄石英を用いることが多い（右下：縦3.8cm）。

3　木製品からみえてくるもの

　木製品が縄文遺跡から出土することはまれだが、その歴史は土器よりも古い。木を加工するための石器が旧石器時代から存在していることからも明らかである。木製品は生活のさまざまな場面で使われており、土器・石器にならぶ重要な遺物である。土器や石器は使用する場面がある程度限られるのに対して、木製品は目的に応じて多様な道具をつくることができるため、これらが出土すると当時の生活をより具体的に思い描くことができる。

　押出遺跡で数多くの木製品が腐敗をまぬがれて残っていたのは埋没環境によるものであり、当たり前だが押出集落だけで特別につくられたものではない。なかには樹皮を加工したもの、漆を塗ったものもある。部分的に炭化しているる木製品が目立つのは、最終的には燃料として火にくべられたことを示す。ここでも主要なものをとり上げてみたい。

会食用の盤　底に低い台がついた大型の皿状の器（盤《ばん》）の破片が出土している（**図49**）。内面に赤色漆を塗り外面

図49 ● 盤の破片
木を削って成形した大型の台付き皿である。上の盤の表裏面には黒色系漆が塗られた痕跡あり、下のものにはない。上の樹種はケンポナシ、下はクリ（下：横44.1cm）。

に黒色系漆を塗ったもの、内外面に黒色系漆を塗ったもの、塗装のないものなどがある。大型の破片の大きさから推計すると、大きいものでは直径五五センチ以上にもなる。当時ロクロはまだなく、石器で削ってつくっている。樹種はケンポナシが多く、クリやケヤキも使われた。

料理の盛りつけに使用したと思うが、この大きい盤にいったい何を盛りつけたのだろうか。個人用ではなく家族、集落全体での会食時などに用いられたのかもしれない。ほかに個人用と思われる小型の皿、椀なども出土している。

杓子・把手付木製品　汁物などをすくう杓子《しゃくし》は現代のものと変わらない。**図50左**は液体を入れる部分の破片で、調理した汁物を土器から器に盛るために使用したのだろうか。**図50中央**は、小さなものの把手部分で、スプーンとして食事の際に使用したのだと思う。**図50右**の把手付木製品は、黒色系漆を塗ってあり、把手とその付け根部分だけが残っていた。マグカップのような形をしたものであったと考えられる。盤やこれらの木製品を使って盛土の作業場でも食事をとっていたといえるだろう。食事の風景は現代とそれほど違うものではないように思える。

謎の箆状木製品の使用法　薄く幅広の身と握り部からなる用途不明の木製品が出土している（**図51**）。尖った先端部の左右両側に切り欠きが

図50 ● **杓子・把手付木製品**
左の杓子は持ち手と先端部を、中央の杓子は先端部を欠損している。右の把手付木製品には黒色系漆が塗られている。樹種は左からケンポナシ、ケヤキ、ブナ科（左：長さ7.8cm）。

あるものが多く、独特の形態となっている。**図51**右端の先端部をみると、左側の切り欠き部が摩滅しており、何かを叩いたり、こすったりした痕跡かもしれない。握り部だけをみると鮭叩き棒によく似ているが、一般的に鮭叩き棒の身の部分はただの棒であり、箆《へら》状ではない。現代でも遡上した鮭を捕獲した後に鮭叩き棒で頭部を叩いて仕留めている。何らかの儀礼的な意味を込めて、このような形態の道具を用いたのではないかと想像している。上からみた鮭の形にみえないこともない。

石斧の柄　装着部分が欠損した石斧の柄も出土している（**図52**）。磨製石斧を装着して樹木の伐採、加工に用いたと考えられる。磨製石斧は大小合わせて八六点出土しており、大型の磨製石斧で伐採と大まかな加工をおこない、小型のもので仕上げをしたのだろう。盛土に打ち込んだ大量の杭もこのような石斧を使ってつくったはずだ。

図51 ● 箆状木製品
先端に切り欠きがあるものとないもの（左端）がある。樹種はいずれもマツ科（右端：長さ39.8㎝）。しっかりとした握り部があり、強く振るような動作をしても支障なさそうである。左下は遊佐町の箕輪鮭孵化場で実際に使われている鮭叩き棒。

樹皮製品　樹皮製品が二点出土し、内一点は未成品であった。植物考古学者の佐々木由香《ゆか》氏がくわしく調査した。**図53**は完成品で樹種はカバノキ属の可能性が高いという。樹皮を一〇枚以上重ねたものを二つ折りにし、縁を細く割いた樹皮で縫いとめている。石斧などのカバーとして使用したものと推測されている。

　磨製石斧は燃料・木材などの調達には欠かせない大切な道具であった。近在の石材ではなく、おもに新潟県と富山県の県境付近から流通したと考えられる蛇紋岩を用いているため、貴重なものであったろう。破損しても修理して大事に使用している。使用時以外はカバーをかけていたとしても不思

図52 ● 磨製石斧と石斧の柄
磨製石斧は蛇紋岩製のものが多く、右端の柄にとりつけて使用した。小型（左上3点）の石斧にはノミのような柄をとりつけて使用されたと考えられる（左下：長さ11.7cm）。

図53 ● 樹皮製品
樹皮を重ねたものを二つ折りにし、周囲を樹皮で縫い止めている。このような製法の出土例もまれである（長さ8.8cm）。

議ではない。ほかにも樹皮片はいくつか出土しており、いろいろな用途に使ったと考えられる。

カゴ断片　**図54**は二本一組の縦材と各一本の横材で編んだ断片で、完形品であればカゴであった可能性が高い。裏面に漆が付着していると報告されており、事実とすれば列島最古の籃胎漆器となる。しかし実際は火を受けて表裏面とも完全に炭化した状態であり、漆が塗られたかどうかは判別できない状態であった。いまのところは籃胎漆器とよぶことは避けたほうがよいが、今後の調査で確実なものが出土する可能性は残っている。

図54 ● カゴ断片
完全に炭化しているが、二本一組の縦材の間に横材がさしこまれている様子がわかる（縦：4.3cm）。

図55 ● 櫂
舟を漕ぐオールだが、舟自体はいまのところみつかっていない。鳥浜貝塚のように丸木舟を利用していたと考えられる（長さ154.0cm）。

図56 ● 手網枠
先端を切り落とし、枝も丁寧に払われている。網は残っていないため、どのように網を張って使ったかはわからない（全長288.0cm）。

舟の存在を示す櫂　舟を漕ぐ櫂《かい》（オール）も出土している（**図55**）。幅広で薄手の先端部としっかりとした持ち手がよくわかる。鳥浜貝塚からは丸木舟が出土しているが、押出遺跡ではいまのところ出土していない。丸木舟もあったはずであり、移動、運搬、食料の調達などのために湖沼、流路に漕ぎでるのに使ったと考えられる。

漁労に使った手網枠　**図56**は一見するとただの枝だが、四方に伸びる小枝をきれいに切り落としている。漁労に使った手網《てあみ》の枠である。材料のイヌガヤは硬く粘りがあって耐久性にも優れている。内側に張った網は残っていないが漁に使ったと考えられる。網漁に用いたと考えられる石錘は、鳥浜貝塚では大量に出土したが、押出遺跡からは出土していない。追い込んだ魚、あるいは誘い込んだ魚を手網ですくい上げるといった簡単な漁をおこなっていたのだろう。

4　編布と縄

二つの編布

編布《あんぎん》とは、日本最古の布で、遅くとも縄文時代からつくられつづけている布である。一本の緯糸《よこいと》に二本の経糸《たていと》をつねに絡ませながら編むものである。出土したのは小さな断片であるが、編み方のちがいから、二種類の編布が存在したことがわかった。

図57左は、火を受けて炭化していたが、京都工芸繊維大学の布目順郎《ぬのめじゅんろう》氏により編布と判断され、その材質もアカソと同定された。通常の編布の編み方でつくられている。**図57右**もやはり

炭化していたが、東海学園女子短期大学の尾関清子氏が製作実験をおこないながらくわしく調査し、ほかに類例のない特殊な編み方によってつくられた編布であることがわかった。

その特徴は、経糸どうしが密着しており、緯糸がみえないことである。通常の編布の編み方ではどうしても緯糸があらわれてしまうが、横編法《よこあみ》で編むと出土品と同じものがつくることができたという。横編法とは、あらかじめ必要な数の経糸を木枠などにならべて固定し、二本の緯糸を横から経糸に絡ませて編んでいく方法である。たいへん手間のかかる方法だが、骨針を用いることで効率的に編むことができるという。

編布は衣服や袋類に利用したと考えられる。また漆液内の不純物をとり除くために利用されることもあるが、押出遺跡では漆濾しに利用した編布は出土していない。

二つの縄

樹皮製と繊維製の二種類の縄の小断片が出土した（図58）。佐々木由香氏の調査により、樹皮の樹種はカバノキ属であることが判明している。細く割いた樹皮を左撚りにしたものを二本束ねて右撚りにした縄である。

繊維製の縄の素材はわかっていないが、なんらかの植物であろう。編布と同じくアカソかも

図57 ● 二つの編布
左が通常の編み方による編布、右が横編み法による編布（左：幅1.3cm、右：幅6.5cm）。両者とも火を受けて炭化している。

しれない。撚り方は少々複雑だが簡単に説明するとつぎのとおりだ。

まず繊維を左撚りにしてつくった紐を、四本束ねて右撚りにして縄をつくる。この縄を三本束ねて右撚りにしている。一度に四本や三本という数の縄を撚り合わせる方法はあまりみられないものである。

右撚りの縄をいくつか束ねて左撚りにすれば、縄は良く締まってほどけにくくなる。逆も同じである。ところが出土品は右撚りの縄を束ねて右撚りする反撚りと呼ばれる方法のため、ほどけやすくなっており、縄として使用できたかどうか疑わしい。この状態の縄を複数本束ねて左撚りにすれば、ふたたびよく締まる縄ができるが、そこまでしたのかどうかはわからない。反撚りの縄を用いて土器表面に縄文を押捺することは技法としては存在するが、押出遺跡では確認されていない。

これら二種類の縄も用途に応じて使い分けられたのだろう。土器の文様だけでなく、住居の屋根材を縛って固定したり、石斧を柄に固定したり、さまざまな目的に用いたと考えられる。

一般的に遺跡からの出土品の多くは、墓の副葬品や炉に埋設した土器などの例外を除いては、当時の人びとが廃棄したものである。盛土の上や周囲からこれまでみたような遺物が数多く出土していることは、すなわち盛土の上でさまざまな作業をおこなった証といえるだろう。

図58●縄の写真と図解
図は縄の撚り方がわかるよう濃さを変えて表示した。①を3本合わせて、②の縄を撚っている。①と②は植物の繊維製、③の樹種はカバノキ属（左端：長さ2.6cm）。

第5章　押出集落の全体像

1　自然環境の復元

前章までで、押出遺跡の調査でみつかった平地住居とされてきた遺構は、実際は住居ではなかったと述べた。そして出土した遺物などから作業場であったとした。では、住居はいったいどこにあったのだろうか。それを知るために、まず遺跡周辺の自然環境からみていこう。

遺物包含層に含まれる花粉や種子類などを同定することで遺跡周辺の古植生を知ることができ、当時の気候や自然環境を復元する手がかりがえられる。

出土花粉の分析によると、樹木花粉では河川沿いなどに分布するヤナギ・クルミ・トチノキ、湿地に分布するハンノキ・トネリコなどが検出された。草本花粉ではコウホネ・ガマなどの根が水中にあり茎や葉を水面から出す抽水植物、水面に浮かぶ浮葉植物のヒシ、湿地に分布するスゲ・ホタルイなどが検出された。こうした分析から、押出遺跡は現在同様、湖沼や湿地であったこと、河川が近くを流れていたことを確認できる。さらにコナラ・ブナの花粉も検出されており、周囲に冷温帯性落葉広葉樹林が広がっていたことがわかる。

種子類をみると、林縁に生育するカラムシ、草地・道端に生育するカナムグラなどがみつかり、遺跡周辺が湿地ばかりではないことを示している。とくにカナムグラの数は多く、ある程度乾いた陸地部分が存在していたといえる。盛土の上にも生えていたのかもしれない。

昆虫も、遺跡周辺の環境を知るうえで非常に重要な手がかりとなる。昆虫は種ごとに利用する植物が異なり、住む環境、発生時期をずらして競合を避けているためである。出土したのは森林性のカナブン・クロオサムシ・キンナガゴミムシ、湿地性のコウホネネクイハムシ・キヌツヤミズクサハムシ、水辺に生育するギシギシや河川敷などに生育するノイバラを食べるコガネムシ、開けた場所の水たまりや湿地周辺に生息するヤマトトックリゴミムシ、日当たりの良い環境下に生育するヨモギを食べるナガカツオゾウムシ、人が介在した

①カナブン近似種（長さ4.1mm）　②クロオサムシ（長さ4.5mm）　③キンナガゴミムシ（長さ6.8mm）　④コウホネネクイハムシ（長さ5.2mm）　⑤キヌツヤミズクサハムシ（長さ2.3mm）　⑥コガネムシ（長さ5.6mm）　⑦ヤマトトックリゴミムシ（長さ6.2mm）　⑧ナガカツオゾウムシ（長さ6.2mm）　⑨ヒメコガネ（長さ3.5mm）　⑩コアオハナムグリ（長さ2.0mm）

図59● 出土した昆虫

①〜③は森林、④・⑤・⑦は湿地、⑥は水辺、⑧はヨモギが生育する所、⑨・⑩は人が介在した植生が付近に存在したことを示している。

植生や植栽した畑作物や果樹などに依存して生活する「人里昆虫」であるヒメコガネとコアオハナムグリなどである（図59）。このように湿地や水辺を好む昆虫とともに、森林性の昆虫がみつかっており、近くに森林があったといえる。押出遺跡の南側と西側に発達した自然堤防の上であろうか。人里昆虫は集落の存在を示し、畑作物や果樹を植栽したかどうかについても有効な手がかりとなる。

多量に出土した杭と転ばし根太に使用された木材をみると、特定の木を選んだ様子はない。湿地周辺や沢沿いに生育するヤナギ・シオジ・ハンノキ・トネリコ・オニグルミや、山野に生育するコナラ・クリ・モクレン・キハダ・ケンポナシなどを用いている。遺跡周辺が湿地なのでヤナギがもっとも多いのは想定していたが、コナラも多く、やはり近くに生育していたのだろうか。あるいは、遺跡近辺の樹木をあらかた倒してしまったために、離れた場所にまで手を伸ばしたのかもしれない。

以上、押出遺跡の周囲には、どうやら湿地、湖沼、陸地、畑地、森林といった環境が広がっていたといえそうである。押出集落から見渡した風景が少し目に浮かびそうになってきた。なお気候については、現在と異なるような分析結果はえられなかった。

2 住居はどこに

つぎに、ほかの低湿地遺跡の事例をみながら押出集落の姿を考えていこう。

鳥浜貝塚では、低湿地部分からやや離れた丘陵の縁辺部から竪穴住居が三棟みつかっている（図60）。貝層の分布域からも杭が多数みつかっているが、貝層の多くが汀《みぎわ》近くであることが明らかになってきて、貝層と重なる杭群は桟橋か小屋掛けのものと考えられるようになってきている。また、低湿地部分でみつかった大量の石斧柄は、水漬けにしておくことで、加工しやすい状態のままストックされたものだという。

小竹貝塚でも、最盛期の前期後葉に安定した高い部分で九棟の竪穴住居がみつかっている。そして低湿地部で貝や土器を廃棄したり、板敷きによる足場を設置して木製品の加工や動物の解体などをおこなったりしたという。

また山形県北西部の鳥海山南麓にある遊佐《ゆざ》町の小山《こやま》崎《ざき》遺跡では、山麓斜面で縄文時代中・後期の竪穴住居がみつかっている（図61）。そして低湿地部では、おもに後期に利用された敷石・丸太敷・杭などの水辺遺構がみつかっている。敷石・丸太敷は足場として、杭

図60 ● 鳥浜貝塚で発見された竪穴住居の発掘調査
やや標高の高い丘陵縁辺部で竪穴住居が3棟みつかっている。写真右側の鋼矢板でかこんだところが低湿地部分であり、多数の遺物が出土している。

は岸辺での土留め用であろうと報告されている。

これらの事例からいえることは、高いところに竪穴住居を構え、低湿地部になんらかの作業場を設けているということだ。作業場の設置に際しては石や木材で足場を構築することもあった。同じように押出遺跡でも、低湿地部からやや離れた位置に、平地住居ではなく竪穴住居を建てたと考えることができるだろう。

その場所はこれまでに調査されていない場所のどこかである。推測の域をでることはないが、手がかりはいくつかある。

第1章で、遺跡範囲の東側と南側はどこまで広がるか確認できていないと述べた（**図2・15参照**）。東側は大谷地の中心部へ近づくことになり、ある程度の水深がある湖沼となっていただろう。ボーリング調査でみつかった遺物包含層の位置も東側に行くにしたがい深くなる。

図61 ● 小山崎遺跡でみつかった竪穴住居
上：山麓斜面で縄文時代中期から後期の竪穴住居（人が立っているところ）がみつかった。下：ここから山を降りたところに低湿地部分があり、水辺遺構などがあった。両者の標高差は約15ｍ、距離は約70ｍ離れている。

また、第六次調査区のさらに南に約七〇メートル進んだ地点でも遺物包含層が確認されている。この地点も遺跡の範囲内であり、さらに南側まで遺跡が広がる可能性は十分にある。

現在の標高でみると、南側へむかってしだいに高くなり、やがて屋代川の自然堤防に達する。竪穴住居を建てたとすれば、湿地の南端部からこの自然堤防の上までのどこかではないだろうか。このあたりを居住域とし、盛土のある湿地に下りてさまざまな作業をおこなったと考えている。

第1章で紹介した大谷地の北端、月ノ木B遺跡の立地にも注目すべきである（**図62**）。大谷地のすぐ北側の斜面に位置しており、石器や土器片などは出土するが住居はみつかっていない。調査区より北側のより高い位置に住居があり、そこから廃棄された遺物が出土したと考えられている。住居は湿地側ではなく、北側の山麓斜面側に想定され、大谷地まで下れば押出遺跡のように水辺の作業場跡が存在して

図62 ● 月ノ木B遺跡の位置と白竜湖（北東から）
白矢印が遺跡の位置で、間近に大谷地がせまり、その奥には白竜湖がある。月ノ木B遺跡の居住域は白矢印より手前の斜面部であろう。大谷地側にも押出遺跡と似たような水辺の作業場が存在したと推測している。

いたかもしれない。盛土を築いたかどうかはわからないが、なんらかの方法で大谷地を利用していたことは想像できないことではない。

3　押出集落の全体像

以上、これまでの押出遺跡の発掘調査でみつかった遺構は、押出集落の一部分にすぎず、盛土を築いた水辺の作業場だけであったというのが筆者の見解である。よって、第2章で問いかけた「どうしてこのような湿地に集落を構えたのだろうか」という疑問に対する答えは、「ここは集落の一部にすぎず、住居は別のところにある」となる。しかし、水辺の作業場が必要だとしても、盛土を築かなくてはならないような場所ではなく、ほかにもっと簡単に使える場所があったのではないかという疑問も同時に抱いてしまう。

当時の地形や自然環境のすべてが解明されたわけでもないし、どのくらいの選択肢があったのかもわからない。もしかすると隣の集落との境界問題があったのかもしれない。それでも押出集落の人びとはここで大土木工事に挑む決断をしたのだ。大谷地を流れる流路は流れが緩やかで、水の浄化機能をもつヨシ原を抜けでてくるため利用価値は高かったのだろう。

どのような立地の縄文集落であっても、水をえる場所を確保していたはずである。生活のさまざまな場面で水は必要であり、居住域と水辺の作業場はともに一つの集落のなかに含まれる。この点はいくつかの遺跡の例をあげながら説明してきたが、すべての縄文遺跡で、居住域の近くに水辺の作業場が設けられている可能性があり、その存在を意識しながら集落の構造を考えたほうがよい。筆者が押出遺跡の調査をとおして強く感じたことである。

つぎに、湿地にこしらえた作業場のようすを出土品から思い描いてみよう。石器をつくる、食事をつくる、シチューを盛りつける、シカなどを解体する、漁をする、舟に乗り湖沼へ漕ぎだす、ヨシを刈りとる、盛土を構築する、そのための資材を運ぶなどの姿があっただろう。

そこには遠方より訪れて漆工をおこなう人もいただろう。なかには玦状耳飾りや漆塗製品を身に着けた人もいたはずだ。簡素な作業小屋が数軒建っていたかもしれない。家に残る人もいれば、木の実を集めに行く人、栽培した植物を収穫する人、山に漆液を集めに行く人、同じく山に狩猟に行く人、

図63 ● 押出集落のイメージ図（清水佳子画）
湿地上の盛土を水辺の作業場とし、やや離れて標高が高いところに竪穴住居を構えている。発掘調査の成果と周囲の環境から想定すると、このような暮らしが営まれていたと考えている。

祭祀をおこなう人もいただろう（図63）。

当時の食料事情についても明らかになりつつある。狩猟と採集だけではなく、栽培もおこなっていたようだ。土器でシチュー料理をつくり、縄文クッキーを焼き、ブドウ酒までつくっていた可能性もある。多様な食材を入手し、栄養状態は悪くなかっただろう。遺跡に残された膨大な量のクルミ殻を目のあたりにすると、多少栄養に偏りがあったとしても、飢えることだけはなかったといえそうだ。クルミは脂質、ビタミン、ミネラルなどが豊富で、保存性も高く生食可能で味もよい。食うや食わずの生活ではないからこそ、各種の漆製品を入手したり、アクセサリーを身につけたり、土器に複雑な文様を描いたり、縄文クッキーに文様を描いたりできる余裕が生まれたと考えられる。

押出集落の全体像については、今後、まだみぬ居住域が発見されることでより明らかになるはずだ。つぎの発掘調査は居住域の可能性地がその対象となることを期待したい。

押出集落の最後

このように押出集落の人びとは、思った以上に豊かな生活を送っていたようだが、現実は厳しく、ここでの生活は短いあいだしかつづかなかった。

先に述べたように、集落の存続期間は大木4式土器をつくっていた期間内に限られる。具体的に示すことは難しいが、縄文時代前期の期間を土器型式の数で割るという単純な計算をすると、どんなに長かったとしても二〇〇年前後であろう。実際はもっと短く、せいぜい数十年程度だったと思う。大木４式土器とは、大木３式から５式へ移り変わる流れの中の一区切りを一つの型式としてとらえたものである。同じ大木４式であっても少しずつ変化して大木５式に近づいていくはずだが、その変化がほとんどみられないのだ。

では、なぜ短期間で押出集落から人びとは去ってしまったのだろうか。さまざまな要因が考えられるが、遺跡に残った痕跡から推測すると、やはり水害ではないかと思う。盛土周辺に洪水の痕跡がみられることから、作業場の復旧は困難だと判断し放棄したのだろう。その後は別のところに作業場を新設したか、集落ごとどこかへ移ったはずだ。

遺跡は最終的には水没している。多大な労力を投入して構築した盛土群も一夜にして使い物にならなくなったとすれば、ふたたび盛土を構築しようとは思わなかっただろう。このように考えれば、押出遺跡と同じような盛土の類例がどこにもみあたらないのはある程度納得がいく。

筆者は、押出遺跡がほかの縄文集落とは異なる特別な集落だったとは思っていない。一つちがいがあるとすれば、低湿地に立地していたために、多種多様な遺物の保存状態がよかったことである。土器や石器ばかりが出土する遺跡にも、押出集落とくらべて遜色のない文化・暮らしがあっただろうと考えている。他地域の土器や遠方で産出する石材で作った石器が出土することも、特にめずらしいことではない。

低湿地遺跡の卓越した調査成果は、すべての縄文遺跡の理解に活かしてこそ、意義のあるものになるはずだ。めずらしい遺物、大規模な土木遺構だけに目を奪われることなく、これらを生み出した背景、社会に対する見方も問い直すべきときに来ていると思う。

参考文献

白竜湖研究会編　一九七六『白竜湖　大谷地（山形県置賜盆地）の自然と文化』
錦三郎・錦厚　一九九一『写真集　白竜湖・大谷地　―泥炭地の農と自然―』
縄文時代前期遺跡シンポジウム実行委員会　二〇一五『縄文時代前期遺跡シンポジウム資料集』
日本考古学協会二〇〇九年度山形大会実行委員会　二〇〇九『日本考古学協会二〇〇九年度山形大会研究発表資料集』
山形県立うきたむ風土記の丘考古資料館　一九九六『縄文のタイムカプセル　押出遺跡』
山形県立うきたむ風土記の丘考古資料館　二〇〇七『押出遺跡』
山形県立うきたむ風土記の丘考古資料館　二〇一六『第24回企画展　森と暮せば～縄文人の植物利用～』
四柳嘉章　二〇〇六『ものと人間の文化史一三一－Ⅰ　漆Ⅰ』
宮本長二郎　一九九六『日本原始古代の住居建築』中央公論美術出版
田中祐二　二〇一六『シリーズ「遺跡を学ぶ」一一三　縄文のタイムカプセル　鳥浜貝塚』新泉社
町田賢一　二〇一八『シリーズ「遺跡を学ぶ」一二九　日本海側最大級の縄文貝塚　小竹貝塚』新泉社
森　勇一　二〇一六『続　ムシの考古学』雄山閣
小畑弘己　二〇一六『歴史文化ライブラリー四一六　タネをまく縄文人』吉川弘文館
山本紀夫・吉田集而編著　一九九五『酒づくりの民族誌』八坂書房
清水町の歴史を語る会　二〇一六『清水町の歴史とくらし』
青森県史編さん考古部会編　二〇〇二『青森県史　別編　三内丸山遺跡』青森県史友の会
工藤雄一郎・国立歴史民俗博物館編　二〇一四『ここまでわかった！　縄文人の植物利用』新泉社
尾関清子　一九九六『縄文の衣　―日本最古の布を復原―』学生社
小林達雄編　二〇〇八『総覧　縄文土器』アム・プロモーション
縄文の漆復元検討委員会　二〇一二『世界最古　垣ノ島B遺跡漆糸製品の復元』三内丸山縄文発信の会
国立歴史民俗博物館編　二〇一七『URUSHIふしぎ物語　―人と漆の一二〇〇〇年史―』国立歴史民俗博物館振興会

押出遺跡

・山形県東置賜郡高畠町深沼字押出
国道一三号と一一三号の交差点の北東側にある。遺跡は国道一一三号と水田の下にあり、地表から見られるものは何もない。案内板が立つのみである。

押出遺跡現地の案内板

山形県立うきたむ風土記の丘考古資料館

・高畠町大字安久津２１１７
・電話　０２３８（５２）２５８５
・開館時間　９：００～17：００（入館は16：30まで）
・休館日　月曜日、国民の祝日、年末年始
・入館料　一般２００円、大学生１００円、小・中・高校生無料
・交通　ＪＲ高畠駅・赤湯駅からタクシーで約15分。ＪＲ高畠駅からレンタサイクルで約40分。車で東北中央自動車道南陽・高畠ＩＣから約７分。

常設展示で、押出遺跡の重要文化財に指定されている土器や石器、木製品などの出土品や復元家屋と当時のくらしに関連する展示をおこなっている（彩漆土器は複製品を展示）。また関連する遺跡では日向洞窟など大谷地低湿地周辺の縄文時代草創期の洞窟からの出土品や縄文時代早期に白竜湖岸に営まれた月ノ木Ｂ遺跡の出土品、それに置賜地域から出土した縄文時代早期から前期前葉の出土品を写真と図を用いて展示している。

山形県立うきたむ風土記の丘考古資料館

高畠町郷土資料館

・高畠町大字安久津２０１１
・電話　０２３８（５２）４５２３
・開館時間　９：30～16：30
・休館日　〔４月１日～７月31日、11月１日～３月31日〕毎週土・日曜日、祝日、〔８月１日～10月31日〕毎週月曜日、祝日、年末年始〔＊詳細はＨＰ参照〕
・入館料　一般１００円、大学生５０円、小・中・高校生無料
・交通　うきたむ風土記の丘考古資料館に隣接

安久津八幡神社の境内にあり、大谷地開拓の農具などの高畠の郷土資料を展示している。

遺跡には感動がある

——シリーズ「遺跡を学ぶ」刊行にあたって——

「遺跡には感動がある」。これが本企画のキーワードです。

あらためていうまでもなく、専門の研究者にとっては遺跡の発掘こそ考古学の基礎をなす基本的な手段です。また、はじめて考古学を学ぶ若い学生や一般の人びとにとって「遺跡は教室」です。

日本考古学では、もうかなり長期間にわたって、発掘・発見ブームが続いています。そして、毎年厖大な数の発掘調査報告書が、主として開発のための事前発掘を担当する埋蔵文化財行政機関や地方自治体などによって刊行されています。そこには専門研究者でさえ完全には把握できないほどの情報や記録が満ちあふれています。しかし、その遺跡の発掘によってどんな学問的成果が得られたのか、その遺跡やそこから出た文化財が古い時代の歴史を知るためにいかなる意義をもつのかなどといった点を、莫大な記述・記録の中から読みとることははなはだ困難です。ましてや、考古学に関心をもつ一般の社会人にとっては、刊行部数が少なく、数があっても高価なその報告書を手にすることすら、ほとんど困難といってよい状況です。

いま日本考古学は過多ともいえる資料と情報量の中で、考古学とはどんな学問か、また遺跡の発掘から何を求め、何を明らかにすべきかといった「哲学」と「指針」が必要な時期にいたっていると認識します。

本企画は「遺跡には感動がある」をキーワードとして、発掘の原点から考古学の本質を問い続ける試みとして、日本考古学が存続する限り、永く継続すべき企画と決意しています。いまや、考古学にすべての人びとの感動を引きつけることが、日本考古学の存立基盤を固めるために、欠かせない努力目標の一つです。必ずや研究者のみならず、多くの市民の共感をいただけるものと信じて疑いません。

二〇〇四年一月

戸沢充則

著者紹介

水戸部秀樹（みとべ・ひでき）

1974年、山形県生まれ。

東洋大学文学部史学科国史専攻卒業。

現在、公益財団法人山形県埋蔵文化財センター専門調査研究員。

主な著作　「山形県の縄文時代後期前半の土器について―かっぱ遺跡を中心に―」『研究紀要』2号（財団法人山形県埋蔵文化財センター）、「やまがたの前期縄文土器」『じょうもん天地人―やまがた前期縄文文化の考古学―』（山形県立うきたむ風土記の丘考古資料館）、「城輪柵跡と平野山窯跡出土の軒瓦について」（共著）『西村山地域史の研究』21号（西村山地域史研究会）、「山形市オサヤズ窯跡出土の竹状模骨平瓦について」『山形考古』7－1（山形考古学会）ほか。

写真提供（所蔵）
錦三郎・錦厚 1991：図1（中・下）・29／山形県教育委員会：図6・7・8（⑦）・9・10・12・14・16・21・22・23・24（左）・25・26・30・31・35（上左）・36（上左）・37・38（左・中）・39（上左）・40・41（右）・42・43・44・45・46（左）・47（左下）・51（右端）・52（左6点）・56・57（左）・58・59・62／山形県立うきたむ風土記の丘考古資料館：図8（①～⑥）・19・32・34・38（右）・39（右・下）・46（中・右）・47（左上・右）・48・49・50・51（上左4点）・52（右端）・53・54・55・57（右）／福井県立若狭歴史博物館：図33・60／野辺地町立歴史民俗資料館：図35（右）／奈良文化財研究所：図36（下）／遊佐町教育委員会：図61
図版出典・参考（一部改変）
図2（上）：国土地理院2万5千分の1地形図「赤湯」／図3：加藤真司 2017『陸成自然堆積地盤の擬似過圧密特性に関する研究―白竜湖軟弱地盤更新統粘性土の実測値―』中央大学学術リポジトリウェブサイト／図15：国土地理院／図18（上左）：宮本長二郎 1996／図18（上右）：山形県教育委員会 1990『押出遺跡発掘調査報告書（本文編）』／図63：清水佳子

上記以外は著者

シリーズ「遺跡を学ぶ」133
縄文漆工芸のアトリエ　押出遺跡《おんだし》

2019年 2月 10日　第1版第1刷発行

著　者＝水戸部秀樹
発行者＝株式会社 新 泉 社
東京都文京区本郷2－5－12
TEL 03（3815）1662／FAX 03（3815）1422
印刷／三秀舎　製本／榎本製本

ISBN978－4－7877－1933－1　C1021

シリーズ「遺跡を学ぶ」

第1ステージ（各1500円＋税）

04 原始集落を掘る　尖石遺跡　勅使河原彰
07 豊饒の海の縄文文化　曽畑貝塚　木﨑康弘
12 北の黒曜石の道　白滝遺跡群　木村英明
14 黒潮を渡った黒曜石　見高段間遺跡　池谷信之
15 縄文のイエとムラの風景　御所野遺跡　高田和徳
17 石にこめた縄文人の祈り　大湯環状列石　秋元信夫
19 縄文の社会構造をのぞく　姥山貝塚　堀越正行
27 南九州に栄えた縄文文化　上野原遺跡　新東晃一
31 日本考古学の原点　大森貝塚　加藤　緑
36 中国山地の縄文文化　帝釈峡遺跡群　河瀬正利
37 縄文文化の起源をさぐる　小瀬ヶ沢・室谷洞窟　小熊博史
41 松島湾の縄文カレンダー　里浜貝塚　会田容弘
45 霞ヶ浦の縄文景観　陸平貝塚　中村哲也
54 縄文人を描いた土器　和台遺跡　新井達哉
62 縄文の漆の里　下宅部遺跡　千葉敏朗
70 縄紋文化のはじまり　上黒岩岩陰遺跡　小林謙一
71 国宝土偶「縄文ビーナス」の誕生　棚畑遺跡　鵜飼幸雄
74 北の縄文人の祭儀場　キウス周堤墓群　大谷敏三
78 信州の縄文早期の世界　栃原岩陰遺跡　藤森英二
80 房総の縄文大貝塚　西広貝塚　忍澤成視
83 北の縄文鉱山　上岩川遺跡群　吉川耕太郎
86 京都盆地の縄文世界　北白川遺跡群　千葉　豊
87 北陸の縄文世界　御経塚遺跡　布尾和史
89 狩猟採集民のコスモロジー　神子柴遺跡　堤　隆
92 奈良大和高原の縄文文化　大川遺跡　松田真一
97 北の自然を生きた縄文人　北黄金貝塚　青野友哉
別1 黒耀石の原産地を探る　鷹山遺跡群　黒耀石体験ミュージアム
別3 ビジュアル版　縄文時代ガイドブック　勅使河原彰

第2ステージ（各1600円＋税）

107 琵琶湖に眠る縄文文化　粟津湖底遺跡　瀬口眞司
110 諏訪湖底の狩人たち　曽根遺跡　三上徹也
113 縄文のタイムカプセル　鳥浜貝塚　田中祐二
120 国宝土偶「仮面の女神」の復元　中ッ原遺跡　守谷昌文
124 国宝「火焔型土器」の世界　笹山遺跡　石原正敏
129 日本海側最大級の縄文貝塚　小竹貝塚　町田賢一